雅楽のコスモロジー

——日本宗教式楽の精神史

小野真龍［著］

法藏館

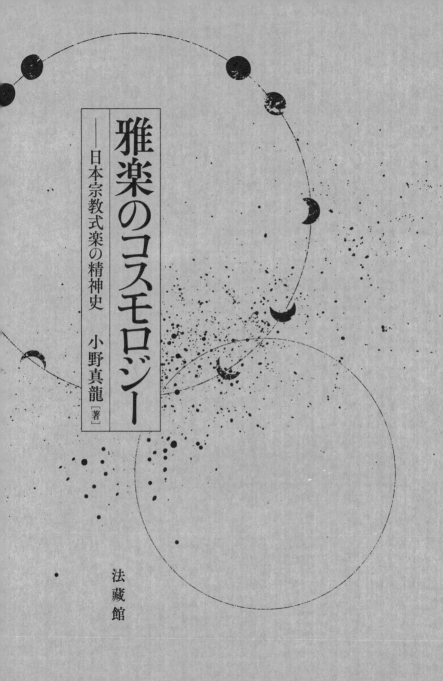

雅楽のコスモロジー——日本宗教式楽の精神史　＊目次

雅楽のコスモロジー

——日本宗教式楽の精神史

序　雅楽のコスモロジー

　現在、宮内庁式部職楽部《しきぶしょくがくぶ》を中心に伝承されている日本の「雅楽」は、千年以上にわたって途切れることなく伝承されてきた、世界でも類を見ない芸能といわれています。また、雅楽は、平成二十一年（二〇〇九）にはユネスコの世界文化遺産に登録されており、地球規模でその伝承に配慮すべき文化にもなっています。もちろん、雅楽は日本固有の芸能ですが、他の日本の伝統芸能とは明らかに異なる性質を備えています。まず、その発生についていて、政治的な上からのものであるといえます。他の伝統芸能も時々の権力との関わりはないわけではありませんが、基本的には民衆のうちから湧き上がった芸能が昇華されたものといえます。他方、雅楽は、そもそも他国から移入された外来音楽を中心にして、古代の王権による国策として形成されたものです。そして、王権を支える宗教の儀礼式楽としての任務を、約千四百年にわたって担いつづけてきたことが、何よりも雅楽の伝統芸能としての異質性を特徴づけているといえます。

今日演奏されている雅楽の様式が成立したのは平安時代半ばと考えられていますが、その前身にあたる芸能の段階から、雅楽は宗教儀礼に用いられる式楽として国家や大社寺によって奏されてきました。

日本人は、そもそも自然崇拝から発生したカミを崇敬してきました。また、このようなカミ観念に由来する神話が形成され、この神話に基づいて王権の権威が基礎づけられていました。そこへ仏教が導入され、従来のカミへの崇敬と諸仏への救済の願いとが重層的に重なり、両者の思想、儀礼、習俗の面での習合現象、すなわち「神仏習合《しんぶつしゅうごう》」という日本固有の宗教形態が形成されました。興味深いことに、神仏習合によって、神社における一切経会《いっさいきょうえ》等の神前法会や寺院における「春日権現講式《かすがごんげんこうしき》」などの神祇に対する仏教法会といった、儀礼の面における習合現象も生じました。しかし、のちに確認することになりますが、神仏習合状況においても、仏教においては親鸞浄土教に極まる大乗仏教のエートス（心性）、神道においては御神楽《みかぐら》の儀における神道的エートスという決して融合しえない核を、両者は維持していました。決して、神仏「融合」ではなかったのです。だからこそ、明治維新における神仏分離という着想が生じえたのであり、国家神道が制度的になくなった現代でも、神道儀礼においては仏教的な要素は原則的に排除されています。しかしながら、一つの奇妙な現象が持続しています。神道も仏教もその儀礼の式楽として、神仏分離以降もずっと同じ雅楽を用いつづけているのです。神々に捧げられた雅楽の楽曲や舞楽と同じものが仏にも捧げられつづけています。浄土真宗の法要においても雅楽を用いますし、皇室の深奥での神事でも雅楽が用いられています。それぞれの儀式における雅楽の意味づけは、教理の上では異なるものとならざるをえませんが、雅楽音楽を端的に代表する管楽器である篳篥《ひちりき》の音色は、仏教と神道のどちらの核においても現代でも鳴り響いているのです。

ある宗教で用いられる音楽の音色は、その宗教を象徴するものであり、その宗教の宗教的情操と深く結びついていますので、他の宗教で用いられることは考えにくいものです。カトリック教会で演奏されるパイプオルガンは、シナゴーグ（ユダヤ教の会堂）やモスク（イスラーム教の礼拝所）で響くことはありえないでしょう。しかし、日本においては篳篥の音色や旋律は、神事の秘儀においても、また、大乗仏教の凝集点として神祇不拝を旨とする浄土真宗の法要においても鳴り響いているのです。篳篥は、常に雅楽の楽曲の主旋律を担当する楽器であり、その音色は雅楽の音楽的な心柱《しんばしら》ともいえるでしょう。雅楽という音楽は、まさに篳篥の音色を介して、神仏習合現象をさらに包括している日本宗教の宇宙空間全体に響いているのです。

このように、雅楽が日本宗教のほぼ全域においても式楽たりえているのは、日本古来の神々の世界に仏教が伝来した後、両者が互いに排斥し合うのではなく、神仏習合の形態が形成される過程の中から現行の雅楽が形成され、また、両者の架橋となりうる雅楽が儀礼に用いられることによって神仏習合が追認されてきたからです。雅楽は、仏教と時代を同じくして大陸から将来されてきた外来音楽に由来を持ちますが、現在の形態へと錬成されるまでには、三百年ほどかかっています。そしてこの期間は、まさに神道と仏教がせめぎ合いながら、神仏習合が本地垂迹説《ほんじすいじゃく》という形態で一応の到達点に至る期間と、ほぼ一致しています。雅楽は、日本古代の宗教的地殻変動と軌を一にしながらも、この間、常に国家的な宗教式楽でありつづけました。いわば、神仏習合現象を推し進めてきたものと同じ日本人の霊性ともいうべきものが、雅楽を形成してきたのであって、その霊性は雅楽に薫《くん》習《じゅう》されているといってよいでしょう。

この点が、同じく宗教的な次元を表現することのある能楽（猿楽）と雅楽との大きな違いの一つといえます。能楽も、多くの作品は神仏の世界をテーマとし、武家の式楽として高度な様式化を遂げてきました。このように雅楽との共通点はありますが、式楽としての能楽の形成は、すでに日本における神仏習合が一つの完成点に至った後の中世以降ですので、雅楽には、能楽が知らない神仏のせめぎ合いの過程の記憶が保存されていることになります。反対に、能楽は、公武権力が並立した後の秩序観や民衆芸能からの昇華という、雅楽にはない契機を含んでいます。

いずれにせよ、雅楽は日本の宗教儀礼における神仏顕現の根源的な表象の一つとなりました。また、カミへの崇敬と王権（天皇）の権威は不可分でしたので、雅楽もまた王権の権威を分有しました。雅楽の背後には、カミ・ホトケ・スメラミコトがせめぎ合って織り成した歴史の壮大な宗教的空間が広がっているのです。

ところで、雅楽というと、陰陽《いんよう》思想との関連が論じられることが多いようです。陰陽五行《ごぎょう》思想に基づいた易《えき》もまた古くから日本に移入され、日本の呪的な宗教文化に多大な影響を与えてきました。元号の制定もそうですし、飛鳥時代に設置された、陰陽呪術・天文・暦等を司る陰陽寮《おんみょうりょう》は明治維新まで存続しました。また、北辰《ほくしん》（北斗七星）信仰や鬼門忌避などをはじめ、日本各地の祭祀や俗信にも陰陽思想は浸透しています。雅楽においても、左右の番舞《つがいまい》制度や舞楽会の際の鼉《だ》太鼓《だいこ》の左右の配置など、平安時代にその様式が陰陽思想に依りつつ成立したことは事実であり、『管絃音義《かんげんおんぎ》』（一一八五）など、陰陽五行思想に基づく音楽論も成立しています。この書は、日本の雅楽の太食調《たいしきちょう》を除く五つの調子を、五行や五音、さらには方位や季節に割り当てています。しかし、日本で成立した雅楽の諸々のカテゴリーを中国でできあがった五行説の枠組みにバランスよく当てはめているだけで、そもそも日本において雅楽を生成させてきた霊性そのものについてはほとんど言及がなく、雅楽演奏の実践ともかけはなれています。陰陽五行思想は、神仏儀礼に呪的な彩りを与えたものではありますが、むしろ、より広大な神仏習合のダイナミズムに包摂されていると考えるべきものであり、雅楽と陰陽五行思想との関連のみを論じるだけでは、雅楽が備えている本質的な霊性を見誤ることになるでしょう。

さらに、現代でも、雅楽の主要管楽器である笙《しょう》・龍笛《りゅうてき》・篳篥をそれぞれ天・空・地に配して、この三管のアンサンブルによって雅楽音楽が一つの宇宙を表象している、という言説が広く流布しているようです。確かに、それぞれの管楽器を天・空・地の楽器に例える楽書の記述や口承はあるようです。また、初めて雅楽に触れる方がそれぞれの楽器の音色を摑むための導入としてはわかりやすい説明といえましょう。しかし、多くの浄土来迎図では三つとも菩薩が演奏する天上の楽器としてイメージされていますし、右に示したような三つの管楽器すべてをとりまとめて、シンプルで抽象的な一つの雅楽の宇宙観を明確に示している古典的楽書は、管見では見当たりません。むしろ、鎌倉時代の楽書『教訓抄』に見えるように、いにしえの雅楽人の本来の宇宙観は、例えば、神祇崇拝を基礎とした阿弥陀仏の極楽浄土信仰（あるいは弥勒《みろく》信仰）というような、重層的で具体的な神仏習合に基づいた信仰であったと言ってもいいと思います。

本書は、神仏習合という日本宗教に固有な宗教形態のダイナミズムが、どのように日本の「雅楽」を生み出し、また、「雅楽」が、反対にそのような日本の宗教形態の形成のダイナミズムのうちでどのような役割を果たしてきたかを概観しようとするものです。その際、神仏習合を形成した日本固有の宗教形態の全体の摂理を表現する場合には、日本宗教の「宗教性」や「霊性」という言葉も用いますが、もっぱら日本宗教の「コスモロジー」という言葉を用いようと思います。

古代ギリシア人は、調和や秩序が保たれている状態をコスモス（cosmos）と呼び、後にキリスト教は、神が創造した物質的な宇宙全体をコスモスという語で呼ぶことになりました。キリスト教のコスモスは、造物主である神の意志による完全に矛盾のない秩序を前提にしたものなのでしょうが、元来、コスモスとは、矛盾する諸力が互いに引斥《いんせき》しつつも調和を保っている状態を意味します。後に見るように、日本宗教は、神道と仏教は互いに融合しえない核を保ちつつ、また、それぞれの流儀の中でも様々に相容れ難い宗派や教派を形成しつつも、互いに影響を与え合い、「融合」することなく「習合」の系を多様に生み出しつつ、あたかも諸天体が独立しつつも一つの見えない秩序（ロゴス）を持っているような宗教の宇宙（コスモス）を形成してきました。日本宗教の全体地図の摂理に対しては、コスモロジーという表現を用いるとぴったりとくるように思うのです。もちろん、日本における宗教を考えるうえで、近世以降に導入されてきたキリスト教や他の諸宗教も無視することはできません。特に日本の「近代」を考えるうえで、これらの宗教やそこから生まれた文化ないし文明は、日本宗教のコスモロジーに多大な影響を与えています。このことは改めて別の機会に論じる必要がありますが、さしあたり本書では、仏教と神道を核心としたコスモロジーに焦点を当てて論じていきたいと思います。

さて、雅楽は日本宗教のコスモスに充溢《じゅういつ》する霊性のロゴスに薫習《くんじゅう》されつつ形成されてきましたので、雅楽は、あたかも日本宗教のコスモス全体を充たすエーテルのように日本宗教のコスモス全体に鳴り響いているといえましょう。それゆえ、雅楽のコスモロジーの生成過程の探索は、日本宗教のコスモロジーの探索に直結することになります。本書では、まず、このことを示したいと思います。そして、雅楽のコスモロジーを大きくかき乱した明治時代の神仏分離後から現代に至る、雅楽の形成期にも匹敵する雅楽のコスモロジーの大きな地殻変動を描くことによって、これからの雅楽のコスモロジー、さらには日本宗教のコスモロジーの動線を、少しだけ見えるようにしてみたいと思います。

一、「雅楽」と祭政

「雅楽」の語の初出は『論語』

「雅楽」とは、「雅正《がしょう》の音楽」という意味であり、正しく、国家に認められた正統な音楽を指します。「雅楽」の概念は、孔子の『論語』（陽貨篇《ようか》）に初めて現れますが、その本質は孔子学派における「楽《がく》」の概念が核となっています。『礼記《らいき》』によれば、周朝の初期（紀元前一〇四六年頃建国）に、成王を補佐した周公旦が「礼を制し楽を作った」ことがそもそも「楽」の概念の始まりです。「礼」とは、「神を祀る」ことであり、また社会活動の序列や規範を定める行為であり、統治行為における規範的側面を指しますが、周公に範をとる「礼楽《れいがく》思想」は、「楽」を統治行為における「礼」の対《つい》概念に引き上げました。礼楽思想の本質は「楽は協調の役割がある。礼は分別の役割がある。協調すれば相親しみ、分別すれば互いに尊敬する。楽が勝《まさ》れば流れ、礼が勝れば離れる」ということです[1]。つまり、礼によって定められた序列の異なる人間たちが、同一の音を出して「和」することで社会の統合が真に完遂されるということです。統治における「楽」の役割は、決して「礼」に従属するものではなく、「礼」と相携えつつ社会の和合をもたらすという、二つの支柱のうちの一つなのです。古代中国においては、統治者の音楽は、極めて高度な政治的意図を持った重要な統治のツールでした。

礼楽思想は、戦国時代の末期に活躍した儒者である荀子《じゅんし》〈紀元前四世紀末〜紀元前二三八年以降〉においてさらに展開され、『荀子』「楽論」に結晶します。荀子は、「礼論」において、まず、性悪説的に人間の欲は限りないものであると洞察し、それゆえに古代の聖王たちは「礼儀すなわち社会規範を制定して分別づけ、それによって人々の欲望を養い人々の求めを満足させ、対象物〈を奪いあってその不足〉のために欲望のゆきづまることが決してなく、欲望〈を放任した奪いあい〉のために対象物のつきてしまうことが決してないようにして、欲望とその対象物とを互いに平均してのばすようにしたのである。これが礼の発生した起点である」[2]と説きました。荀子は、礼儀というものが、各人に序列や居場所を与え、さらには合理的分限を与え、それによって、有限な社会資源を無秩序な争いなく分配できると主張します。この考え方に呼応して、荀子においては、楽の思想はますます重みをもってきます。「楽論」に現れたいくつかの重要な言葉を確認してみましょう(3)。

「そもそも音楽というものは快楽である。人情として必ずなくてはならないものである。人間はもちろん楽しみがなくてはおれないが、楽しければ〈その感情が〉必ず音声にあらわれ動作にあらわれる。こうして人の道の〈外的な〉音声動作と〈内的な〉本性の動きの変化とはこの音楽において尽くされるのである(4)」。

荀子によれば、人情の根底には楽しみがなければならず、その楽しみはおのずと声音(歌や楽音)や動作(声音に基づく動き)に現れてきます。声音動作がどのように現れてくるかを見れば、どのような「楽」を感じているかを看取《みと》ることができます。逆にいえば、外的な声音動作である「形」によって「楽」のあり方を導くこともできます。高尚で健全な「楽」の情によって統治することが為政者には可能であるし、また必要になってくるのです。

「だから人間だれでも楽しまないではおれないが、楽しければ〈その感情を〉外に出さないわけにはいかず、外に出して道理を守るのでなければきっと社会的混乱をひきおこす。古代の聖王はその混乱を憎んだのである。だから雅頌《がしょう》の調べを制定してそれを指導し、その調べが十分楽しめてしかも放縦に流れないようにし、その文飾が十分理解できてしかもそれだけには終わらないようにし、その音楽の曲直・繁簡・するどさ円《まる》さ・節奏〈緩急抑揚〉が人々の道義心を感動させるようにして、あの邪悪な気分のやってくる余地のないようにさせる。これが古代の聖王が音楽を設けたそのより所である」(5)。

この部分には、まさに統治の模範とされる「先王（古代の聖王）」たちが高尚で健全な「雅頌の声」でもって民を導くことによって、民衆の善心を育成し、邪悪なものを遠ざけたことが語られています。『詩経』の類別によれば、「雅」は正の意味で、大小があり、「大雅」は朝廷の会合で奏する音楽、「小雅」は饗宴音楽、また「頌」は宗廟《そうびょう》の祭りに奏して祖先の徳を賛美する音楽で、いずれも典型的な正統音楽（雅楽）を指します。反対に、孔子の学派においては、秩序を肯定せず、乱の情緒を助長する「鄭声《ていせい》」が遠ざけられました。「鄭」とは孔子の時代に、現在の河南《かなん》省新鄭地方にあった国の名前です。孔子の学派は、河南省黄河の北方にあった国「衛」とともに、「鄭」を邪淫な風俗を持つ国とみなし、その鄭・衛の音曲は邪悪であり、乱世の音であると断じました。『論語』「陽貨篇」には「鄭声の雅楽を乱るるを悪《にく》む」とされ、鄭声を遠ざけることによって、民衆の和をもたらす「雅頌の声」を守るべきとされます。孔子の学派にとっては「鄭声」は「雅楽」を裏面から規定する概念となっています。

「だから音楽は、宗廟の中で君臣上下がともどもに聞くばあいにはすべてなごやかに慎み深くなり、郷里の人びととの間で年長者年少者がともどもに聞くばあいにはすべてなごやかに従順になる。だから音楽は一つの標準をはっきりしてそれによって調和的雰囲気を作り上げるもので、また種々の音楽を併用してそれによって節度を修飾するものである」[6]。

こうして「楽」において民の和が実現するのですが、注目すべきは、「宗廟」においても「楽」は必要であるということです。ここでの「宗廟」とは、君臣が、歴代王の祖先の霊を供養する霊廟であり、また転じて政治の場でもあります。楽は、君臣と、礼を制定してきた王の祖霊との和をもたらし、さらには、礼を制定する祖霊や君主に正統性を付与していた天と、君臣をはじめとする民との和をもたらすことが示唆されています。楽は、祖霊や天といった人間を超越したものとの通路を開き、それと和合させる媒介の働きも持っているのです[7]。

したがって、「楽論」に結晶した「雅楽」とは、

① 礼儀や礼法といった社会秩序と相即しつつ社会の和をもたらす役割を果たすもの
② 為政者が用いることにより、民を導く徳化作用を発揮できるもの
③ 祖霊や天など人間を超越したものの観念と密接な和合をもたらしうるもの

といった基本的な性質を持っています。「雅楽」は、その観念の基盤が形成された古代中

国において、すでに政治的、倫理的、宗教的に特別な意味を含意した音楽だったのです。

仏教より前に広く受容された儒教

孔子学派の教えを総括する「儒教」は、継体天皇の時代の五一三年に、百済《くだら》から五経博《ごきょうはか》士《せ》が渡日して伝えられました。仏教の伝来が五三八年あるいは五五二年とされるので、仏教よりも早く伝来しています。また、年代は不詳ですが『古事記』や『日本書紀』には、これに先立って百済から渡来した王仁《わに》が『論語』をもたらしたという伝承もあります。祖霊崇拝を重んじる儒教は、当時の日本の原初神道的な多神教的観念と葛藤をもたらすことも少なく、儒教以前に入ってきていた道教や、当時の儒教がすでに含み持っていた『易経』の陰陽五行説とともに、仏教が伝来する以前にすでに日本において広く受容されていたと考えられます。

儒教、道教、陰陽五行説、古神道が重層的に織りなす六世紀の日本の宗教思想の複合体のうち、儒教の教理的な部分は、後に移入された仏教思想、とりわけ浄土教思想の隆盛によって、平安時代にはいったん衰退していきます。日本には、祖霊信仰の思想や儀式の確固たる地盤として原初的な神道のそれがすでに存在していました。中国の祖霊崇拝形態にその根を持つ儒教の教理や儀礼は、神道と相補的な関係を持つことのできた仏教とは異なって、日本人の民俗宗教的な本音の部分には浸透することが難しかったのでしょう。雅楽の世界においても同様で、院政期以前の楽書に、礼楽思想そのものについての言及がほとんどないことが、このことを物語っています。

しかし、中国で生まれた「雅楽」の理念は、天武朝には確立していた「雅楽寮《ががくりょう》」（訓読みでは「うたまいのつかさ」）という国家的な音楽演奏・伝承機関の名称に取り入れられて、後に見るように、政治的・倫理的な側面において、国家の式楽の理念に独特の磁場を与えていきます。(8) また、『礼記』の「楽記」が説く「必ず詩書において始まり礼楽において終わる」という中国官人の心得は、平安貴族にとっても模範と考えられ、「詩歌管絃《しいかかんげん》」は彼らにとって欠くことのできない教養と見なされました。このことはのちに詳しく考えてみます。こうして中国で成立した「雅楽」の概念を支えた儒教の礼楽思想は、それが含み持つ宗教性というよりは、むしろ政治的・倫理的側面において、日本の雅楽の理念の重要な要素になっていきます。

それでは、中国から輸入された「雅楽」の理念が根をおろした日本固有の宗教性とは、どのようなものだったのでしょうか。次に、この問題を見てみたいと思います。

二、日本人の宗教的心性の根底――アニミズム

霊威あるエネルギーが宿るものはなんでもカミ

日本の「雅楽」は、平安時代の嵯峨天皇（在位八〇九～八二三）および仁明《にんみょう》天皇（在位八二三～八五〇）の時代から、それまで宮廷で演奏されていた諸々の楽曲、舞踊、楽器が統合整理され始め、徐々に再編成されて十世紀半ば頃までに現在の形になったといわれています。この際に、「雅楽」の原型となった諸々の音楽は、まず大きく二つの系統に分けられます。一つは、『古事記』や『日本書紀』などに記されている神話の時代から朝廷で伝承されてきたとされる日本古来の楽舞です。もう一つは、おもに中国大陸や朝鮮半島から将来された外来の楽舞です。

外来の楽舞の中心は、七世紀以降に遣隋使や遣唐使によって中国からもたらされた「唐《とう》

楽《がく》」です。確かに、古代の日本は縄文時代から、主に朝鮮半島と北九州を中心として深い交流を持ってきました。三世紀初めから四世紀半ばにかけて高句麗《こうくり》、百済、新羅《しらぎ》があいついで建国され、『日本書紀』には、これらの国からそれぞれの音楽や楽器がもたらされた記述もあります。しかし、平安時代に統合整理の対象となった朝鮮半島系の芸能は、古代に日本に伝来したものがそのまま伝承されていたものというよりは、いったん唐楽に組み入れられたこれらの音楽が、唐楽を経由して日本で伝習されたものであろうと思われます。

日本古来の楽舞もまた、その音楽性において、大陸から伝来してきた楽舞の影響を受けざるをえなかったことでしょう。例えば、御神楽《みかぐら》は神事において演奏される日本古来の儀礼的な楽舞ですが、外来の楽器である篳篥を用いるようになっています。篳篥の音色によって、日本古来の儀礼の場の雰囲気にも少しは変化が生じたであろうと思います。しかし、一方で、日本古来の楽舞のエートスでもあった日本の神祇信仰のエートスは、唐楽を中心とする外来音楽のあり方が日本化していく際に、主導的な原理となったことと思われます。そして、日本古来の楽舞に込められており、表演された際にわれわれが感得しうる古代以来の神祇信仰の宗教的心性は、現代でも宮内庁式部職楽部の楽師を中心に伝承する御神楽などにおいてよく保存されています。つまり、この古代以来の神祇信仰の宗教的心性は、外来音楽が移入される前から現代まで、一貫して日本の雅楽の、さらには雅楽が影響を与えた後発の伝統音楽の、宗教的エートスの基層をなしつづけてきたと言っても過言ではありません。まず、この日本古来の神祇信仰について見ていきましょう。

日本古来の神祇信仰は、しばしば「アニミズム」であるといわれます。アニミズム(animism)とは、元来はイギリスの人類学者のE・B・タイラー(一八三二～一九一七)が『原始文化(primitive culture)』(一八七一)において提唱した観念です。タイラーの説くアニミズムとは、あらゆる事物は「アニマ(anima)」、すなわち「魂」を持ち生きている、という未開人の世界観です。タイラーの立場からすれば、アニミズムそのものはまだ「宗教」といえる段階ではありません。この魂が個性を持ち、独立し、固有の形姿、能力や居場所等を得ると「精霊」(spirit)と呼ばれることになります。そして、その精霊においそれとは近づけぬように、接近に関する禁忌(タブー)が設定された時に「宗教」が成立する、といわれます。タイラーのアニミズム論には、キリスト教をアニミズムから始まる宗教進化の頂点とする意図が含まれていますので、アニマが人格的な特定の形象へ展開することが宗教としての当然の進化であるとの前提があります。しかし、日本古来の神祇信仰は、元来、神祇は秘されるべきもので、形をとらない見えないものと考えてきています。したがって、日本人の古来の宗教的感性は、アニミズムというレッテルを貼るだけでは理解したことにはならないことに注意しなければなりません。

日本の神祇信仰では、いわゆる霊魂は、具体的形象に発展していくべきアニマというより、具体的な形をもたず、外延が明確でなく、「氣」をたなびかせた心的エネルギーの凝集態と表象され、「タマ」と呼ばれます。また、ある強力な霊威・脅威を持つ「タマ」が自然の事物に宿ったものを「カミ」と呼びます(9)。このような日本の神祇信仰における「カミ」は、厳密には定義し難いものではありますが、本居宣長の『古事記伝』における次の表現にうまく規定されているといえます。

凡て迦微《かみ》とは、古御典等《いにしえのふみども》に見えたる天地《あめつち》の諸の神たちを始めて、其の祀れる社に坐す御霊《みたま》をも申し、又人はさらにも云ず、鳥獣木草のたぐひ海山など、其余何にまれ、尋常《よのつね》ならずすぐれたる徳のありて、可畏《かしこ》き物《もの》を迦微《かみ》とは云なり

（本居宣長『古事記伝』三之巻）。

要するに、『古事記』や『日本書紀』などに記載のあるカミ以外でも、地方の社の御霊、人、動物、植物、自然物など「尋常ならずすぐれたる徳」のあるもの、すなわち、霊威を持ち脅威を与えうるようなエネルギーが宿れるものであれば、あらゆるものがカミになりえます。『古事記』の記述に見られるように、イザナミノミコトの聖なるエネルギーを分

有しているものであれば、その吐瀉《としゃ》物や排泄《はいせつ》物さえもカミとなりうるのです(10)。なかでもモリ、カワ、ヤマといった自然物には、われわれの先祖は疑念なくカミが宿るものと感じていたようです。『万葉集』などの多くの古代の歌謡には、カミのおられる聖地や祭場という意味のカムナビ（神奈備）という語がしばしば現れますが、モリ、カワ、ヤマ、サキ（崎）、ハラ（原）、サト（里）などの自然の造形が、カミのまします聖地であるカムナビと呼ばれています。

ただし、日本の自然崇拝は、これらの自然の造形そのものをカミとして拝むのではなく、これらをカミの依《よ》り代《しろ》としてとらえていたことに注意する必要があります。神体山あるいは神奈備山と呼ばれる山の多くには、山上や中腹に巨岩を中心とした古代祭祀跡の岩場が存在し、神々はそういったイワクラ（磐座）に降り立ったと考えられていたようです。奈良の三輪山は、カムナビ山の典型とされますが、その山麓にある大神《おおみわ》神社には、山を神として拝むための拝殿はありますが、ご神体をお納めしている社殿はなく、拝殿からそのまま山を拝むという原初的な信仰形態が残っています。とはいえ、三輪山の山麓には四世紀以前から六世紀までの巨岩を中心とした祭祀遺跡が二十六か所確認されており、山上から山麓にかけての三つの大きな磐座《いわくら》（奥津《おきつ》・中津・辺津《へつ》）や、山ノ神遺跡の付近からは、勾《まが》玉《たま》・管玉《くだだま》・剣形などの石製模造品や、多数の祭器が出土しており、古墳時代以来、神体山の中で神を磐座に招いてまつる儀式が行われていたと推測されています。

また、このような神域の樹木も、カムナビのモリとして神聖視されており、樹木もまた神が降りる依り代として崇められてきました。諏訪《すわ》大社の神域には四隅に立てられる柱があり、それを切り出して立てる御柱祭《おんばしらさい》は現代でも有名です。ヤマの樹木ではなくても、神社の特定の老樹巨木に注連縄《しめなわ》がかけられ神聖視されていることも、よく知られていることです。

日本の自然崇拝は、根源的には、このような崇高で巨怪な自然造形を生み出す宇宙全体の力への畏敬の念にも基づいていると言ってよいでしょう。宣長のいう「尋常ならずすぐれたる徳」であるエネルギーの根源はこのような宇宙の力であり、それは時には、偶然とは思えない意味のある自然的造形を生み出すことによって、なんらかの意思を表しているかのように感じざるをえないものでもあります。その意思は、豊饒な実りをもたらせて人間を慈しみ育もうとしているように思える時もあれば、永年にわたって築かれた人間の営みを一瞬にして無に帰させる甚大な災害をもたらして人間を罰しようとしていると感じさせるものでもあります。このような人間の生殺与奪の権を握っている力は、本来は沈黙して見えないものですが、時として、人格的な意思力として自らを示唆してきます。つまり、人間の予期を超えて荒ぶり祟《たた》るのです。

このような力は、下手《へた》に機嫌を損ねてはいけませんので、遠巻きにしたいものですが、無視していると思われてもいけませんし、実際に祟りをなされた時はなんとか鎮《しず》まってもらわなければなりません。ですので、人間は折にふれてこのような力と交流せざるをえません。このような力に人間が相対するには、力になんらかの形象を持ってもらわねばなりません。だから個別のカミを表象しますが、日本の神祇信仰では、そのカミの観念は、拡大・統一されず絶対的な唯一神には進化しません。宇宙のエネルギーの凝集態に仮に名前を付けているにすぎず、諸々のカミの外延は曖昧《あいまい》で、エネルギーを気のように放っていて凝集態を解消して、すぐに非人格的な気そのものに戻ろうとする動態すらも孕んでいます。

固定された具体的な形象を保つと、それは観念として人間の心に存続することになり、人間との距離が常に近くなります。また、人間は、あるものの具体的な観念を持つと、往々にしてその観念でもって対象を操作しようとしてしまうきらいがあります。他方で、人間がそのような意図を持っているとカミに勘繰《かんぐ》られてもいけません。ですので、カミには普段は少し人間から少し離れたところにいて姿を隠しておいていただいて、交流するときだけ傍《そば》にお越しいただき、終わればまた離れたところに戻っていただくという距離感を保ちつつ、カミと交流するというスタイルが成立してきます。

「まつり」はカミのご接待

カミを「まつる」という行為は、このようなカミと仲良く交流して、なんとかカミにご機嫌でいていただいて、祟らないようにしてもらう人間の工夫であるともいえましょう。具体的に言えば、カミを招いて饗宴を開き、おいしい食物や芸能を供して、カミとともにアソブことです。この「まつり」が開く独特の空間において、人間とカミは一体になることができます。そもそも人間にもタマが宿っており、カミと同じ要素によって生かされています。「まつり」において、カミのエネルギーが放つ気と、人間のエネルギーが放つ気が混じり合うことによって、神聖な次元での神人の交流ができるのです。

もともと「まつり」とは、神が来臨して神意を宣《の》る機会であったようです。神を慰める行為としての歌舞よりも、神への服属を象徴する歌舞の方が古く、神に祈願するための祝詞《のりと》よりも、特定の願望をともなわない祝詞の方が原初の姿に近いのは、まつりがもともと神意をあおぐ性質のものだったことを示しています(11)。神意の威に人が従うこと、すなわち「まつらふ」が「まつり」の語源であるといわれる由縁です。今日、神事の主要部分となっている神への奉仕や飲食物(神饌《しんせん》)を供献することは、「まつらふ」ことに随伴して行われる服属を象徴する行為であると言ってよいでしょう。以下に、「まつり」の特徴を挙げてみましょう。

「まつり」は神が来臨することによって成立しますが、カミは無原則に来訪するのではありません。例えば農耕生活においては、春の農耕始めや、秋の農事納めの際が、重要な節目となり、カミが来臨する「まつり」（祭り）がなされることが多いようです。そのほかに年頭や、天体の動きとも関連づけられて周期的な祭りが行われることもあります。

また、カミは迎えられるものであり、送られるものでもあります。祖霊神や穀霊神は、海や山から来臨し、田と家との間を移動します。カミは、元来姿を持たず、去来性・遊行《ゆぎょう》性を持ち、常住不変のものではありません。つねに移動し、人々の願いに即してまつられることによって変化してきました。ですので、このように移動し変化する神には、上述の大神神社における三輪山や、諏訪大社の神体木や御柱のような「依り代」（憑《よ》りまし）が必要となります。個別の「まつり」においても、一定の時間そこへ鎮座していただくなんらかの場である「神座《かむくら》」が用意されます。また、神は、人間にも降って来られるとも考えられており、人体に神が降りた状態を「神懸《かみが》かり」といいました。日本では、人体に神を直接降ろす場合でも、まず神座を設けて、そこに神をお招《よ》びしました。

さらに、「まつり」には神座にお迎えしたカミからの神託を宣《の》る者、すなわち、カミのそばに侍り、神意を神懸かりによって伝達する神人も必要となります。このような神人を「巫《ふ》」（「かんなぎ＝神和ぎ」とも訓ずる）といい、特に男巫を「覡《げき》」ないし「祝《ほうり》」といいますが、日本では卑弥呼などに見られるように女巫が非常に多いようです。また、神懸かりにおける託宣は多様な神態をともないます。後に詳しく述べますが、有名なアメノウズメノミコトの歌舞による表演の俳優《おぎわざ》も、神を「招《お》ぐわざ」の意味に基づくものであり、巫女の神あそびは、神意の表現形態でもありました。石清水八幡宮の神楽にも、神楽人の長である人長《にんちょう》と並んで巫女が舞い、鎮魂《たまふり》のまつりにも巫女の舞があるように、巫女の神懸かりのあそびは、やがて神の舞として発展していきます。「巫女の神楽の採り物も、神の憑り代としての意味を持つものであり。巫女の舞における採り物の舞の一半も、巫女が神に一体化していくための清め[12]」であったようです。

さらに、神のまつりは神と人とのサカホカイ（酒祝い・酒寿い）であり、通常はまつりには饗宴が連なりました。大江匡房《おおえのまさふさ》が著した平安時代後期の有職故実書である『江家次第《ごうけしだい》』などには、鎮魂の祭のおりに神楽とともに「献盃三献」や「盃酌三献」があったことが記載されています。のちに見る内侍所御神楽《ないしどころみかぐら》においても、必ず「献盃」「勧盃」が行われました。まつりは、神に勧盃し、神に差盃される場でもあるのであったのです。現在もまつりの後には直会《なおらい》が行われますが、それはもともと神人の共食の機会でした。それが、まつりを主宰する一座の長を中心とする饗宴となり、さらにまつりの終わりの、ハレよりケへ戻る饗宴（隠座《おんのざ》）へと発展しました。

古代天皇は祭祀王

このような人によるカミの祭りの頂点にあるのが大王《おおきみ》（天皇）でした。神の声を聞き取り、カミの祟りを鎮めるのが大王の主要な政務でした。例えば、『古事記』によれば、ヤマト王権の最初の確立者に擬せられる第十代の崇神《すじん》天皇は、国に疫病が広まり、民が絶滅しそうになった理由を、三輪山に祀られているオオモノヌシノミコトの祟りであることを夢告で知り、夢告における指示を実行することによって祟りを鎮めています。他方、第十四代の仲哀《ちゅうあい》天皇は自ら琴を弾いて神託を乞いましたが、夫人の神功《じんぐう》皇后をサニワ（霊媒）として降りた神託を聞き入れなかったがために祟りで絶命してしまい、それを受けて、祟りを鎮めるために国家的な大祓《おおはらえ》の儀式が行われました。仲哀天皇が神託を受ける際の記述はいろいろと示唆深いので、少々長くなりますが、『古事記』の仲哀天皇記の記述を次に挙げてみます。

それは、天皇が筑紫の香椎《かしい》宮におられて、熊襲《くまそ》国を討とうとされた時のことで、天皇が琴をお弾きになり、タケシウチノ宿禰《すくね》の大臣が神おろしの場所にいて、神託を乞い求めた。すると神功皇后が神がかりして、神託で教えさとして仰せられるには、「西の方に国がある。その国には、金や銀をはじめとして、目のくらむようないろいろの珍しい宝物がたくさんある。私は、今、その国を服属させてあげようと思う」と仰せになった。

ところが天皇がこれに答えて申されるには、「高い所に登って西の方を見ると、国土は見えないで、ただ大海があるだけだ」と申されて、いつわりを言われる神だとお思いになって、お琴を押しやってお弾きにならず、黙っておられた。するとその神がひどく怒って仰せられるには、「だいたいこの天下は、そなたが統治すべき国ではない。そなたは黄泉《よみ》の国への一道に向かいなさい」と仰せになった。そこでタケシウチノ宿禰の大臣が申すには、「おそれ多いことです。わが天皇様よ、やはりそのお琴をお弾きなさいませ」と申し上げた。そこで天皇がそろそろとそのお琴を引き寄せて、しぶしぶお弾きになっていた。ところがまもなくお琴の音が聞こえなくなった。すぐに火を点《とも》して見ると、天皇はすでにお亡くなりになっていた。(13)

記紀神話によれば、そもそも天皇の血統が日本を統治する根拠は、高天原の神々を統《す》べるアマテラスの孫であるニニギノミコトが葦原中国《あしはらのなかつくに》（日本）を統治すべく多くの神々を引き連れて降臨をしたことにあります。この国は、アマテラスの弟であるスサノオノミコトの子孫であるオオクニヌシノミコトが統べていましたが、ニニギノミコトらの神々は、このオオクヌシノミコトから「国譲り」を受けてこの国を治め、神々の子孫が天皇をはじめヤマト朝廷の重臣たちとなります。古代の天皇は、このように神々の血を引くからこそ、正統として国を代表して神々と交流することができ、神々を鎮める務めを果たすことが重要な役割の一つでした。上記の第十代の崇神天皇の御代の祟りのほか、第十一代垂仁《すいにん》天皇の御代には、出雲大神（オオクニヌシノミコト）が垂仁天皇の皇子に祟っています。いずれの天皇も、祟りの原因を探るべく、夢の中で神からの「教えさとし」を受けることを試みています。天皇や皇族は、国難レベルの祟りを感受する媒体であり、場合によっては天皇や皇族そのものが祟りの標的となっていたのです。両天皇はいずれも神の怒りを収める措置をして、厄難を切り抜けています。

ただ、上記の第十四代仲哀天皇の場合は、天皇自身にかけられた祟りに抗《あらが》えず、絶命してしまいます。仲哀天皇の后である神功皇后がのちに、どの神が祟ったのかを自らが琴を弾いて神に尋ねたところ、アマテラスであることのことでした。もちろん、仲哀天皇はアマテラスの末裔にあたるはずですから、いわば自分の先祖神に祟られているわけです。このように国家的な問題について、アマテラスをはじめとする神々がお怒りにならないように、また、天皇が神々に寄り添っていることを示すために、神々を祀る祭祀王であることが、古代の天皇の重要な役割だったのです。

さて、ここで注目すべきことは、仲哀天皇が神意を伺う際に、琴を弾いている点です。崇神天皇や垂仁天皇は夢告によって神意を伺っていますので、神意を伺うには必ずしも楽器を弾くことは必要がないようです。しかし、仲哀天皇に祟った神の名を尋ねる際にも神功皇后が琴を弾いていることから、琴を弾くことが神の心を喜ばせて、和ませることになり、神意を明かしてくださりやすくなるのでしょう。また、仲哀天皇が神に不審を抱いたがゆえに琴を弾くのを止めたり、神の怒りを和らげるべくタケシウチノ宿禰が琴を再び弾くことを天皇に薦《すす》めていることからも、神の心を和ませ、誰かに神懸かって神意を示すことには、琴の音が有効であったことが推察されます。

神事歌舞の発祥はアメノウズメの神懸かり

音楽によって神の心を和ませて開かせることができる、というコンセプトに基づいて、古来、日本人は、歌舞音曲を奏してカミを招いては饗宴を開き、カミとアソブことによって、神事を行ってきたようです。神事には饗宴的要素が必要だったのです。その根拠は、古来より朝廷で言い伝えられてきて記紀にまとめられた神話的伝承である、天の岩屋戸の神話にあります。

この神話によると、弟神のスサノヲノミコトの狼藉《ろうぜき》ぶりに、アマテラス大御神は恐れて天の岩屋にお隠れになってしまわれました。アマテラスは太陽神に擬せられますが、その太陽神が隠れた結果、高天原も葦原中国《あしはらのなかつくに》も真っ暗になり、邪神の騒ぐ声が世に充ち、禍《わざわい》がいっせいに発生しました。そこであらゆる神々はアマテラスの気持ちを外に向けるように、岩屋の前で宴会を催すことにしました。その饗宴の中心になったのがアメノウズメノミコトでした。『古事記』の記述を挙げてみます。

アメノウズメノミコトが、天の香具山の日陰蔓《ひかげのかずら》を襷《たすき》にかけ、真折葛《まさきのかずら》を髪に纏《まと》い、天の香具山の笹の葉を束ねて手に持ち、天の岩屋戸の前に桶を伏せてこれを踏み鳴らし、神がかりして、胸乳《むなち》をかき出し裳《も》の紐を陰部までおしさげた。すると、高天原が鳴りとどろくばかりに、八百万の神々がどっと笑った。

饗宴の大騒ぎに心を揺さぶられたアマテラスは岩屋戸の外を覗《のぞ》いてみようという気を起こし、岩屋戸を少しあけたところを外へひきずりだされ、高天原と葦原中国に太陽が戻ったという結末は有名です。さて先程、音楽は神を和ませる、と言いましたが、神が弱っている時には、芸能を中心とした饗宴の音や声、さらには身体動作のエネルギーは、神に伝わり、神を活気づかせます。このような、衣装を乱し、胸や陰部を露出させ、伏せ桶を踏みとどろかせて、「神懸かり」して「神遊び」したアメノウズメの姿は神事芸能の原型とされており、神事芸能の本質は神を活気づかせること、すなわち「鎮魂（タマフリ）」の技であると考えられてきました。タマフリの意義には諸説ありますが、綜合すれば、神のタマ（魂）にフレ（触れ）、それをフリ（振り）、フヤす（殖やす）ことと考えられるでしょう。

カミが弱ることは、アマテラスの例でもわかるように民に凶事をもたらします。同じようにカミの末裔である天皇が弱れば、葦原中国にもよくないことが起こると考えられていました。それゆえ、『日本書紀』の天武天皇十四年（六八五）十一月丙寅《ひのえとら》（二十四）の日の記載によれば、重篤な病に陥った天武天皇に対して、「天皇の為に招魂《みたまふり》しき」とされています。この「招魂」はのちに「鎮魂」と表記されるようになるのですが、「鎮魂」はのちの養老二年（七一八）の養老令においては、恒例の大嘗《おおにえ》の祭りとともに、毎年十一月の寅の日に行われるように記載されています。その年の新穀でもって神をまつる神事である大嘗の祭りは、のちには、毎年行われるものを新嘗《にいなめ》、新天皇即位の後に行われる新嘗を大嘗と区別していわれるようになっていきます。この新嘗の祭りは十一月の中卯《なかう》の日に行われていたのですが、鎮魂はその前日（寅の日）に行われるように制度化されていたのです。新嘗・大嘗の祭主は天皇ですが、この重要な祭りを行うために天皇のタマを前もって活気づかせる祭りが招魂だったのです。

それが、もともとはどのようなものだったかは、大同二年（八〇七）に斎部広成《いんべのひろなり》によって著された『古語拾遺』からある程度推測できます。斎部氏は古来朝廷の祭祀に携わってきた氏族ですが、広成の頃には、朝廷祭祀については中臣氏が主導権を握っており、広成は斎部氏が朝廷祭祀の中心にいるべきことを神話から説き起こして主張する必要を感じて『古語拾遺』を書きました。広成は、『日本書紀』に言及があるように猨女君《さるめのきみ》氏が天鈿女命（アメノウズメノミコト）の末裔であることを確認したうえで、鎮魂の儀に言及して「天鈿女命の遺跡なり。然れば即ち御巫《みかんなぎ》の職は、旧氏（猨女君氏）を任ずべし」と言っています。当時、御巫の職は卜占《ぼくせん》により神意を読み取る者たちが主役となって行っていたようです。広成によれば、もともと鎮魂の儀は、天の岩屋戸の前で、天鈿女命が行った舞踊にその由来を持っており、それゆえにその末裔である猨女君氏が鎮魂の儀をつかさどる中心にいなければならないというのです。したがって、鎮魂の儀の古形は、天鈿女命がなしたような、神懸かって、身をあらわにするまでに桶を踏み鳴らすような、少々荒々しいものであったように考える研究者もいます。鎮魂の儀は、桶を踏み鳴らすことによって、天皇のタマを活気づかせ、あるいは放っておけば遊離しようとするタマを押し鎮め、同時に、それは天皇のタマを弱らせる邪悪なタマを追い払う、のちに陰陽道的な「反閇《へんばい》」と結びつきうる呪術的な所作でもあったことでしょう。踊り狂うようにして神懸かりして、それによって発散された神的なエネルギーでもって、天皇のタマを揺り動かして活性化させ、同時に、邪悪なタマを鎮圧する。このような業《わざ》が鎮魂の儀の原型であったと考えられます。

日本芸能の基層にある呪的なタマフリ

他方、広成は、猨女君氏は「神楽の事を供した」とも書いています。猨女君が担当しているからには、ここでいう「神楽」もまた天鈿女命の事跡に由来する芸能であり、鎮魂の儀の際に「神楽」が奏されたということは十分考えられることでしょう。この猨女君氏が担っていた神事的な歌謡や舞踊である「神楽」が濫觴《らんしょう》となり、様々な機会の「神楽」が統合されて、組曲である宮中の「内侍所御神楽儀《ないしどころみかぐらのぎ》」が形成されたと考えられています。この御神楽儀は、現代においては、毎年十二月の半ばの「賢所御神楽儀《かしこどころみかぐらのぎ》」に受け継がれ、宮内庁式部職楽部の楽師たちによって夕刻から夜半まで延々と神楽歌が歌い紡がれます。組曲形式の御神楽儀は、昭和天皇祭（一月七日）、神武天皇祭（四月三日）にも皇霊殿において行われています。また、新嘗祭（十一月二十三日）の前日の鎮魂祭の際にも、古代と同じく、神楽歌が歌われ、最後には大直日歌《おおなおびのうた》を奏し、倭舞《やまとまい》が舞われます。

現代では男性の楽師のみが神楽を奏するのですが、猨女君氏は、鎮魂祭で神楽を奏する猨女を供する氏族であり、祭祀や神楽そのものには、もっぱら女性が携わっていたことになります。しかし、十一世紀の初頭に成立した内侍所御神楽《ないしどころみかぐら》では貴族男子と多氏《おおのし》をはじめとする衛府の官人の男性ばかりによって演じられるようになっています。『古語拾遺』が成立した九世紀初頭から十一世紀初頭に至る約二百年の間は、平安時代の楽制改革が進展し、現在の雅楽のスタイルが成立したといわれる時期にあたります。猨女君氏が担っていた巫女の呪法そのもののような「神楽」も、この間に、外来楽器である篳篥が取り入れられるなどして変容し、今日のようなスタイルのものになり、担い手も雅楽を演奏する高位貴族や衛府の官人の男性たちに変化していったのでしょう。

それにもかかわらず、このような変遷の中でも引き続き「神楽」という名称が冠されて、芸能としてのなんらかの同質性を保ちえているのは、やはり、天岩屋戸でのアマテラスの復活の鎮魂の技法としての音楽であり、天岩屋戸で神々を喜ばせた神遊びの技法としての音楽である、という神楽の自己認識が受け継がれているからであると思います。十二世紀初頭に成立したとされる『讃岐典侍日記《さぬきのすけにっき》』の作者の藤原長子《ふじわらのながこ》は、現代の神楽のスタイルに近い形である男性ばかりの清暑堂《せいしょどう》御神楽を聞いた時の感想として、その素晴らしさを絶賛し、「天照大神が天岩戸にお籠りにならなくなったのももっともなことと思われる」と言っています。この頃の神楽にはすでに篳篥が使われていたはずですが、篳篥は中央アジア由来で中国から入ってきた外来の楽器です。したがって、篳篥によって奏される神楽は天岩戸の神話の時代には日本になかったはずですが、まさにそれが天岩戸で奏でられていてもおかしくないと思わせる宗教的な格調を持っており、また、呪法そのものであった猨女君氏の鎮魂の儀の「神楽」の持つエッセンス、すなわち鎮魂《タマフリ》と反閇《へんばい》を受け継いでいたのだと推測されます。不思議なことに、現代に伝承されている奏法であっても、和琴を弾いたり聴いたり、また、神楽歌を聴いていると、本当に脱我的な感覚が生じ、神的なものと交流するシャーマンになったような気分になってきます。私が和琴をご指導いただいた先生も、同じようなことを言われていました。神楽の演奏によってその場が神威に充ち、その空間に居合わせているタマを活性化させるのでしょうか。また、現代の御神楽で舞われる人長舞《にんちょうまい》は、榊《さかき》をゆったりと振り回し、左右の足を交互に進めながら舞台上を経めぐります。その所作は、アメノウズメが桶を踏み鳴らしたタマフリとヘンバイの象徴的表現の

人長舞　舞人：東儀俊美氏　写真提供：東儀道子氏

ようにも見ることができます。

また、すでに男性が演奏することになっていた平安時代の内侍所御神楽の冒頭の「採物《とりもの》歌《うた》」には、榊・幣《みてぐら》・杖・篠《ささ》・弓・剣《たち》・鉾《ほこ》・杓《ひさご》・葛《かずら》の九種が挙げられています。現代では、この中で榊のみが採物歌として歌われます。

「採物」とは、神楽の際にカミが一時的に宿る依り代となる物であり、それを手に持ったり、身に着けたりして神楽が演じられます。古代人はカミがそこに宿り顕現する事物をある程度類型化していたようです。『古事記』によれば、天鈿女命《アメノウズメノミコト》は天香山《あまのかぐやま》の「天之《あまの》日《ほ》影《かげ》」を襷にかけ「天之真折《まさき》」を鬘にし、天香山の「小笹葉」を手草に結ったとされています。ヒカゲやマサキは葛の別名であり、ササは篠の美称です。また、『日本書紀』には、さらに「手に茅《ち》纏《まき》の矛（鉾）をもった」とありますし、アメノウズメノミコトは舞踊をするにあたり、カミの力を引き寄せるために、採物歌に挙げられている事物のいくつかを身に着けていたのです。

ちなみに、神事の場の遺跡の出土品や記紀の記述から、コト以外に、笛・太鼓・鈴なども用いられていたようです。特に鈴は、『古語拾遺』の記述によれば、天鈿女命は『日本書紀』とやや異なって「手に鐸《さなき》（大鈴）着けたる矛」を持ったとありますので、猨女《さるめ》が神楽をなす時には鈴が鳴っていた可能性があります。さらに古代の埴輪には鈴鏡を持っている巫女が見られ、鈴は、現代でも巫女が神楽を舞う際の採物になっていることから、神話の時代から祭祀と深く結びついていたものと推察できます。また、記紀の時代の宮廷人は脚に結ぶ紐に小さな鈴をつけていたようです。おそらく、鈴には神霊を揺り起こしたり悪霊を祓って清浄にする機能があると考えられていたのでしょう(14)。

さて、日本人の宗教的心性の根底を、主に歌舞の面から見てきましたが、確認しておきたいことは、日本の歌舞には、その最も深い基層において、鎮魂と悪霊鎮め（反閇）の意味が込められている、ということです。民俗学者の折口信夫は次のように言っています。「日本の藝能でこの傾向を持ってをらないものはないといふほどの、共通の事項を取り出してみるということならば、先、第一に挙げなければならぬのは鎮魂とまう一つ同じに考へられ易い反閇ということであります(15)」。折口の「鎮魂」概念にはいろいろと議論すべき余地があるのですが、タマフリとしての「鎮魂」とは、魂が触れ（振れ）、殖え、鎮まることを期待する、魂の操作に関わる呪術的儀礼的行為としておきましょう(16)。こういった鎮魂

楊枝の御影（四天王寺蔵）

のベクトルが徹底されると、それは同時に、悪い霊魂を追い払ったり、押し鎮めることにつながっていくのですが、これが「反閇《へんばい》」です。反閇は、陰陽道の呪法から一般化していきましたが、今日の相撲の四股《しこ》やアメノウズメノミコトの伏せ桶を踏み鳴らす踊りなど、日本古来の神道的な観念からその基礎が準備されていました。この音をたてて床を踏みしめる反閇の型は、日本舞踊の中にも様々に伝承されています。

こういった鎮魂と反閇の含意は、もちろん、雅楽の舞踊（舞楽の舞）に込められたはずですし、事実、現代に舞われている舞にもそのような所作があります。舞楽の舞人は、舞っている間は、その舞が供えられる神仏あるいは観衆の魂を活気づかせる技術者、シャーマン的な存在となります。このことに関連して、四天王寺の聖霊会《しょうりょうえ》における蘇利古《そりこ》と安《あ》摩《ま》という舞楽の舞について少しお話してみます。

聖霊会舞楽大法要は、聖徳太子の御霊《みたま》（聖霊《しょうりょう》）を声明と舞楽によって供養する、古代よ

蘇利古　四天王寺「聖霊会」 人面を模した神秘的な「雑面《ぞうめん》」をつける。

安摩　四天王寺「経供養」 安摩も蘇利古とはややデザインの異なる「雑面」をつける。

り受け継がれている四天王寺最大の法要です。法要の冒頭に、本尊に見立てられている太子の御影《みえい》（楊枝《ようじ》の御影）に太子の霊を鎮めて、さらにそれを目覚めさせる、いわばタマフリの舞が舞われます。それが蘇利古です。通常、舞楽は四人舞なのですが、四天王寺の蘇利古だけは五人舞です。蘇利古を五人で舞う故実は四天王寺のほかにはありません。また、江戸期の記録では、聖霊会の法要部分が終わってから、参詣の民衆を喜ばせるために、ひきつづいて法楽のための舞楽が次々と演じられる部分（入調《にゅうじょう》）が始まります。

法要部分が終われば、それが維持していた儀礼空間における聖なる力が薄れはじめ、俗化のベクトルが生じるのですが、入調部分の冒頭に必ず舞われ、入調が終わるまで御影に聖なる力を維持してもらうべくタマフリをして寄り付く悪霊を追い払い、舞台をもう一度浄める舞が安摩です。この曲は「陰陽地鎮曲《おんみようじちんきよく》」という別名を持ち、二人の舞人が、対称の位置を保ちつつ何度も舞台を踏みしめる所作をしながら舞台の周囲を経めぐります。反閇作法によって、俗化のベクトルが働き始めることに伴い寄り憑《つ》いてくる悪霊を追い払うとともに、御影に聖なる力を回復してもらうべくタマフリをして、儀礼の終わった後の舞台空間の聖性を当面維持するわけです。

興味深いのは、この二つの舞は、ともに「雑面《ぞうめん》」という人面を模した神秘的な紙の面を着けます。自らを依り代として、神威のエネルギーを自分の身体に鎮め収めるためでしょ

伝供　四天王寺「聖霊会」童舞（迦陵頻・胡蝶）による伝供の作法

う。蘇利古が五人舞であるのも、より多くの霊威によって太子の御霊をタマフリして目覚めさせるためではないでしょうか。また、法要中、太子の御影の前には様々な供物が供えられるのですが、江戸期には、聖霊会が終わった後に、それらは楽人や舞人たちに分け与えられました。その際、他の舞の舞人は、楽人のトップである楽頭を経由して分け与えられたのですが、蘇利古と安摩の舞人には特別に、供物が寺院側から直接下賜《かし》されていました。また、場合によっては、その取り分が他の者より多いこともありました(17)。雑面をつけた舞である蘇利古や安摩が、特殊な意味を持っていることは明らかです。太子の面前に供えられた供物には、太子の霊威が憑依していると感じられます。それを太子と神人共食した者(あるいは雑面)は、太子の霊威を分有することになります。江戸期の記録は、太子を目覚めさせたり、法要本体が終わった後の舞台を再び聖化させる雑面の舞人に、今度は目覚めた太子の霊威をより強く分有させていたことを示唆しているのではないでしょうか。

このように雅楽の演者は、その演技の基層において、鎮魂と反閇のシャーマン的な役割を担っているのですが、実は、それだけではありません。雅楽演奏には、この神道的・シャーマン的な基層の上に、仏教的なシンボリズムが重なっているのです。そもそも、雅楽の前身となる外来音楽は、仏教の伝来と軌を一にして日本に入ってきたのであり、雅楽が国家的な式楽となるのは、これら外来音楽が最初に仏教の法会を荘厳する役割を担ったからなのです。次章ではこの経緯をたどってみましょう。

三、仏教の導入と外来音楽——聖徳太子が結びつけた仏教と「伎楽」

ホトケも最初は外来のカミ

カミを崇敬していた日本に、六世紀に仏教がもたらされました。『日本書紀』の欽明《きんめい》天皇十三年十月の記述によれば、欽明天皇は日本にもたらされた仏像について次のように言ったといいます。「西蕃《にしのとなりのくに》の献《たてまつ》れる仏の相貌《かお》端厳《きらぎら》し。全《もは》ら未だ曽《かつ》て有らず。礼《うやま》ふべきか不《いな》や」。これに対して群臣は「蕃神《あたしくにのかみ》を拝みたまはば、恐るらくは国つ神の怒《いかり》を致したまはむ」と答えました。欽明天皇は、まずは、仏教の思想内容そのものというより、仏像の相貌が極めて整って美しいことを強調して、群臣に礼拝すべきかどうか尋ねたようです。しかし、群臣たちは外国の神を拝めば日本の神々が怒るであろうと応えて消極的でした。そこで欽明天皇は蘇我稲目《そがのいなめ》に、試しに寺を建てさせ仏像を礼拝させたところ、疫病が流行して止みませんでした。そこで、やはり国つ神の崇りかと、蕃神（仏像）の崇拝をいったん止めさせたところ、今度は雲も風もないのに宮廷の大殿に火災が生じました。

ここで興味深いのは、蕃国のカミであるホトケの依り代とされる仏像の相貌が端然としていることが、まずは、ホトケの崇拝の根拠として挙げられていることです。日本のカミは、本来姿がないもの、姿を具体化させないものであり、当時はまだあえて神像を作ったりすることがなかったので、当時の日本人の目には、仏像は極めて特異なものと映ったに違いありません。しかしながら、宮廷の火災の記事が示すように、導入された時から、ホトケは、日本古来のカミと同じく呪力を持った存在であり、カミと同じく祟るものとして捉えられていました。

このような、ホトケは呪的なものであり、仏教は呪術的技術を備えたものであるという観念は、その後の日本における仏教受容に常につきまとうことになります。例えば、基本的に仏教では尼僧より男性僧侶を重視するのですが、我が国最初の出家者は、蘇我馬子の仏殿に安置した百済からの仏像に仕える三人の尼僧でした。あえて尼僧に仕えさせたのは、ホトケという呪力を持った新しいカミに仕える「巫女」としての宗教的慣習に従ったのだろうと推測する学説もあります。奈良時代には、仏教は、いわば大陸からもたらされた最大の呪術宗教として捉えられていたようであり、その呪力は国家で管理すべきとの観念が成立していました。『養老令』（七五七）の第七「僧尼令」卜相吉凶条では、僧尼による災厄祥《しょう》瑞《ずい》、吉凶占いまた、巫術《ふじゅつ》による病気治療は禁じられましたが、「仏法の呪により病から救おうとするのは禁じない」として、仏教の呪力が用いられうる局面を公的に想定しています。

いずれにせよ、ホトケは新しい外来のカミとして日本でも崇められるようになりました。もっとも、それまでに多くの朝鮮半島からの渡来人が来日しており、すでに朝鮮半島由来の神々のような新しい「今来《いまき》の神」も日本で祀られるようになっていました。(18) 例えば、『延喜式』（九六七年施行）に「宮内省に坐す神」として挙げられ、宮中の「園神社」と「韓神社」に祀られていた園《そののかみ》神や韓神《からかみ》は、朝鮮半島系の神であるといわれています。(19) また、宇佐八幡宮に祀られている八幡神《はちまんしん》に習合している香春神《かはるしん》は、もとは「辛国《からくに》の城に八流の幡《ばん》と天降って」日本の神と成った新羅《しらぎ》の神です。古代の日本人は、外来の神を、自分たちの神々と同様に祀ることにさほど抵抗はなかったのです。もっとも、ホトケの場合は仏像という人型の依り代に依るものであったので、少々要領は異なっていたことでしょう。

日本の宗教芸能の流れを決めた聖徳太子

しかし、推古天皇時代の聖徳太子の摂政政治において、日本の仏教移入は大きな転換点を迎えます。また、それはのちに成立する日本の雅楽のあり方をも決定づけるものでした。十七条憲法の制定や遣隋使派遣、冠位十二階制の設置などの治績から、聖徳太子が当時の日本の内政改革者であったことはいうまでもありません。しかし、太子は、『法華経義疏《ほけきょうぎしょ》』、『勝鬘経義疏《しょうまんきょうぎしょ》』、『維摩経義疏《ゆいまきょうぎしょ》』を著すことによって、もっぱらその呪力に注目されていた仏教が、本質的には人間救済思想であることを明確にしました。太子は、日本において本来の意味で仏教思想を根づかせた宗教改革者でもあり、日本最初の官寺である四天王寺や法隆寺を造営し、仏教を日本の国教の一つとしました。のちに、親鸞が聖徳太子を「和国の教主」と呼んだゆえんもここにあります。

聖徳太子は、雅楽の前身である当時の外来音楽でもって仏教を荘厳《しょうごん》することを指示し、さらには、それらに引き続き日本に入ってくる外来音楽と仏世界を連繋させたといわれています。とりわけ、当時、百済の味摩之《みまし》が日本へもたらした「伎楽《ぎがく》」をもって仏教を荘厳させた、と伝承されています。このあたりの経緯を、まず正史である『日本書紀』において見てみましょう。

『日本書紀』の推古天皇二十年の記事に「百済の人味摩之が帰化した。「呉《くれ》の国に学び、伎楽《くれがく》の舞ができます」といったので、桜井に住まわせて、少年を集め伎楽の舞を習わせた。真野首弟子《まののおびとでし》、新漢済文《いまのあやひとさいもん》の二人が習って、その舞を伝えた」とあります。味摩之については正史にはこれ以外の記述がなく詳細はわかりません。伎楽そのものの曲目や演奏形態についても、断片的な記録はあるのですが、ある程度まとまったものとしては、鎌倉時代の狛近真《こまのちかざね》の楽書『教訓抄《きょうくんしょう》』（一二三三年）の記述しか手がかりがありません。『教訓抄』によれば、伎楽は「師子《しし》」「呉公《ごこう》」「迦楼羅《かるら》」「婆羅門《ばらもん》」「崑崙《こんろん》」「力士《りきし》」「大孤《だいこ》」「酔胡《すいこ》」の小部分からなる一連の仮面劇です。[20] また、『西大寺資材流記帳』（七八〇年）の伎楽面の記録には「呉女」の面の記載があり、『教訓抄』の「崑崙」に登場する「五女」がこれにあたるとも考えられています。しかし、高僧であるはずの「婆羅門」の舞が「ムツキアラヒ」（おしめを洗う）と呼ばれたり、「五女（呉女）」に懸想《けそう》した「崑崙」（シャム湾岸の諸地方の巻髪黒身の人を模した異形のキャラクター）を「金剛」と「力士」が捕え、「力士」が「崑崙」の「マラカタ」（男性器）に縄を付けて引き、それを打つという仕草があったとされています。そして「力士」は「マラフリ舞」とも呼ばれたとの記述もあります。それゆえ、「伎楽」というと諧謔《かいぎゃく》性と猥雑《わいざつ》性を含んだ芸能であったと考えられ、この特異性が強調され、和辻哲郎が『古寺巡礼』（一九一九）で論ずるなど、多くの論者の議論の対象にもなってきました。

　しかし、鎌倉時代の『教訓抄』にこのような記述が存在するからといって、必ずしも、この記述が伝来当初からの伎楽を述べたものと解釈しなければならないわけではありません。のちに見るように、奈良時代の聖武天皇は仏教による鎮護国家政策をとり、その方策の一つとして積極的に伎楽を奨励しました。その結果、東大寺や興福寺をはじめとする南都の諸大寺において、釈迦の生誕を祝う仏生会《ぶつしょうえ》（四月八日）と、四月から講堂に籠って修行する安居《あんご》の結願日《けちがんび》（七月十五日）に、「鎮護国家の例事」として伎楽が行われるようになりました。こういった事実から、新川登亀男氏の言われるように、伎楽においては、伝来後の日本での展開の一時期に、『金光明最勝王経』を中核とする「具体的な象徴体系をもつ仏教による鎮護国家の演技という一貫した趣意」(21)が存在していたことは十分に考えられると思われます。しかしながら、おそらく伝来当初から、伎楽は大衆受けするエピソードやパフォーマンスを含み持っており、伎楽の持つこのような要素が、仏教流布の場への誘因力の一つになっていたのではないでしょうか。ある意味で、とにかくまずは民衆に仏教に近づいてもらわねばならないと工夫する、大乗仏教の布教精神の一つの到達点といえるかもしれません。

ところで、奈良時代に雅楽寮《ががくりょう》が設置された際にも「伎楽師」がいましたので、伎楽は、平安時代ぐらいまでは演じられていたようです。しかし、今日では、伎楽は廃絶しており、演じる際に用いられた伎楽面を正倉院や東大寺などに遺すのみとなっています。四天王寺の「聖霊会」で演じられる「師子《しし》」にその所作の一部が残っているともいわれていますが、残念ながら、古代の伎楽の様子をうかがうにはほど遠いシンプルなものです。江戸末期まで細々と伎楽の伝承が残っていたといわれる奈良において、芝祐靖氏や天理大学雅楽部によって伎楽の復曲もなされています。しかし、これらも芸術的には優れた業績ではありますが、古代の伎楽を正確に復曲されているかどうかの考証は不可能であると言ってもよいでしょう。

さて、正史では明確に書かれていませんが、『聖徳太子伝暦』の推古天皇二十年（聖徳太子四十一歳）の記事には、次のような伝承が記載されています。

また百済の味摩之、化来して自らいわく。呉国に学んで、伎楽と舞とを得たり。則《すなわち》、これを桜井の村に置いて、少年を集めて、習い伝えしむ。〔今の諸寺の伎楽の舞、これなり〕。太子、奏して、諸氏に勅して、子弟・壮士を貢《たてまつ》らしめて呉の鼓を習わしむ。また令を天下に下して、鼓を撃ち、舞を習わしむ〔これ今の財人のはじめなり〕。太子、従容として左右に謂ってのたまわく「三宝を供養するには諸蕃の楽を用ゆ。」

『教訓抄』の伎楽に関する部分にも、この記述にほぼ準ずる記載があります。鎌倉時代の雅楽界では、聖徳太子が、味摩之に伎楽を日本国内で伝承させ、またこの伎楽を含む

「諸蕃の楽」によって三宝（仏・法・僧）を供養することを命じたという伝承は通説になっていたのでしょう。歴史学的に見れば、『聖徳太子伝暦』が事実をそのまま伝えているかどうか、疑問なしとしませんが、聖武天皇によって伎楽は諸大寺に定着し、まさに伎楽は三宝を敬う楽であったのですから、仏教と伎楽の結合の礎は、正史にもあるように伎楽の公的な伝承を始めた推古朝にあるといえます。聖徳太子は、推古朝の摂政だったので、伎楽に関する音楽政策の判断にも当然関わっていたことと考えられます。したがって、聖徳太子こそが伎楽という音楽でもって仏教を荘厳するという理念の提唱者である、と考えることは、さほど不自然なことではないのです。

もっとも、すでに見たように、伎楽自体は、奈良時代までは国家の音楽伝習機関である「雅楽寮」で教習され、盛んに演ぜられたものの、平安時代に諸々の外来音楽が統合整理されて左右両部制が成立した頃には、「雅楽寮」の伝習対象からも抜け落ち、その後衰退していくことになります。むしろ太子の後の時代の遣唐使らによってもたらされた唐楽、林邑楽《りんゆう》、高麗楽《こま》、渤海楽《ぼっかいがく》に属する楽舞が「三宝を供養する」音楽の中心になっていきます。そして、この聖徳太子の仏教音楽理念は、伎楽以外の、雅楽の原型となった諸々の「蕃楽」とともに、奈良時代の「東大寺大仏開眼供養会」（七五二）において十全な実現態となるのです。

四、東大寺大仏開眼供養会の意義——聖徳太子の仏教音楽理念の実現

律令国家は「雅楽寮」で音楽を管理

本格的な律令法典である「大宝律令」（七〇一）でもって律令制国家体制が築かれ、都も平城京にいったん落ち着いて奈良時代が始まりました（七一〇）。宗教統制も律令国家の重要な機能でしたので「神祇官」が置かれましたが、同時に神仏の儀礼に関わる音楽も国家で管理すべく、国家的な音楽伝習機関である「雅楽寮」が設置されました。日本古来の音楽と外来音楽を演奏する機関は、天武朝（六七二〜六八六）の頃から朝廷に整備されはじめ、おそらく「飛鳥浄御原令《あすかきよみがはらりよう》」（六八九）——この令は現存していないので確かめることができませんが——においては、すでに「雅楽寮」は設置されていたであろうと考えられていますす。当初の令制（『令集解』巻四　職員令）によれば、「雅楽寮頭」等の楽官に加え、楽人と

して日本古来の歌の歌師四名、歌人四十名、歌女百名、舞師四名、舞生百名、笛師二名、唐楽師十二名、唐楽生六十名、高麗楽師四名、高麗楽生二十名、百済楽師四名、百済楽生二十名、新羅楽師四名、新羅楽生二十名、伎楽師一名、腰鼓師二名などが配置されており、外来音楽にもまして日本古来の音楽の伝習にも力を入れていたことを窺い知ることができます。もっとも、日本古来の音楽については、平安時代に宮廷内に古来の歌を専門的に伝習する「大歌所《おおうたどころ》」が形成されていったこともあり、雅楽寮内での担当者の数は減少していくことになります。

ところで中国の唐代の律令における音楽機関は、礼楽の役所である太常寺《たいじょうじ》に属する「太《だい》楽署《がくしょ》」であり、「雅楽」の語は用いられていませんでした。唐の律令を模範とする日本の律令において、あえて「雅楽」寮という名称を設けたことは、儒教的精神を根底に持つ律令制の整備の過程で、第一章において示したように、音楽でもって民を導くという「雅楽」の理念が重視されたのではないでしょうか。また、儀式楽を管理することを通じて、国家が諸宗教を統制するという意志の表れであるとも考えられます。雅楽寮の上位官人が、当初は諸王や朝臣によって占められていたことからも、音楽による教導と宗教式楽を朝廷が管理するという「雅楽」概念に込めた思想を感じ取ることができます。

ただし、日本の天皇においては、中国の皇帝のような、天命すなわち天からの委託が日本国の統治の根拠ではありません。「大宝律令」と相前後して成立する『古事記』（七一二）や『日本書紀』（七二〇）に見られるように、天皇が日本を統治する根拠は、高天原の最高神であるアマテラスの末裔であり、出雲の国津神、大国主命《おおくにぬしのみこと》が譲った豊葦原中国《とよあしはらなかつくに》（日本）を統治すべく高天原から天下った神々の末裔であることに存します。ですので、天皇にとっての音楽とは、中国の「雅楽」のように神（天）から委託を受けた人が道徳的に民を導くための音楽というよりは、人となった神が民を導く神々の音楽ということになり、その超越性や聖性は中国の「雅楽」より強調されることになります。そして、日本の雅楽はこのような日本の神話に適合し、天皇の聖性を高める音楽であることが要求されねばならなかったはずなのです。

しかしながら、聖武朝においては、仏教による鎮護国家理念がうたわれ、奈良東大寺に大仏が造営されることになり、雅楽のコスモロジーはより複雑で重層的なものに変化します。とりわけ東大寺大仏開眼供養会（七五二）では、神の末裔である天皇が大仏（仏教）に額《ぬか》づき、また本来神事で行われる日本古来の歌舞も仏に供えられるということが起こりました。この仏教法要のあり方は、雅楽のコスモロジーのみならず、そもそも神仏習合という明治期までの日本宗教のあり方の原型を形成し、またその後の神仏習合展開の方向性にも多大な影響を及ぼすことになりました。以下においてその詳細を確認してみましょう。

東大寺大仏開眼供養会は日本雅楽の成立前夜祭

奈良時代は当初から政治的混乱に満ちていました。政界の中心人物であった藤原不比等《ふひと》が養老四年（七二〇）に死去した後、藤原氏と皇親勢力との主導権争いが激化しました。神亀六年（七二九）に皇親勢力の主導者であった長屋王が藤原四兄弟によって自害に追い込まれましたが、今度は反対に、長屋王を排除して政権中枢を担った藤原四兄弟が、天平九年（七三七）に天然痘によって全員絶命し、長屋王の祟りであるともいわれました。その後政権を担った橘諸兄《たちばなのもろえ》は、吉備真備《きびのまきび》と玄昉《げんぼう》を重用したため、藤原氏の勢力が後退しました。この橘政権に対して、藤原四兄弟の長男の宇合《うまかい》の長子、藤原広嗣《ひろつぐ》が、天平十二年（七四〇）に西方で乱を起こしました。乱自体は鎮圧されましたが、当時の聖武天皇は西方における乱を極度に恐れて度重なる遷都を行いました。当然のことながら、政治の混乱に拍車がかかり、民も疲弊し、伝統的な宗教観に基づく天皇の統治に対する権威が低下していきました。朝廷としては新たな精神的権威の力を取り入れることによって統治秩序を再構成する必要があったわけです。このような混乱の中で打ち出されたのが、仏教の呪力による鎮護国家政策です。

鎮護国家思想は『金光明最勝王経』や『仁王護国般若波羅蜜経』などに説かれています。これらの仏教経典を供養することによって、仏教を奉ずる四天王など仏教の神々が国家をも護ってくれるという思想です。聖武天皇は『金光明最勝王経』を供養することによって生じる呪力によって国家の安定を図ろうとしました。また、『華厳経』の説く蓮華蔵世界を、この世に建立する理念的世界として掲げました。このような着想に基づき、天平十三年（七四一）には国分寺建立の詔《みことのり》が発せられて、各国に一つずつ、その国の仏教の中心となる国分寺が建立されることとなり、また天平十五年（七四三）には、国分寺の総本山としての東大寺において蓮華蔵世界の主である巨大な毘盧遮那仏（大仏）を建立する詔が発せられます。この後、天平勝宝元年（七四九）には聖武天皇は娘の阿倍内親王（孝謙天皇）に突如譲位しました。この譲位については、聖武天皇が独断で「三宝の奴《やっこ》」と称して出家したため、朝廷が急遽譲位の手続をとったとの説もあり、聖武天皇の仏教や鎮護国家思想への傾倒が単なる政策的なものだけに留まるものではなかったことを示唆しています。

さて、こうした政治情勢の中で、建立地について混乱があったものの平城京の東大寺に大仏が造立され、建立の詔から九年目に大仏開眼供養会を営むことになりました。実は、大仏の一部や大仏殿などは、まだ未完成でしたが、完成に先立って、正史が示す仏教伝来年から二百年目の釈迦降誕会に合わせて、天平勝宝四年（七五二）四月八日に供養会の日程が決められました。以下において、この日本仏教音楽史上極めて重要なイベントの詳細を、『東大寺要録』や『続日本紀』などによって再構成しつつ、日本の雅楽成立前夜ともいうべき、当時の国家の音楽状況を確認してみましょう。

開眼供養会はまず天平勝宝四年三月二十一日に聖武天皇が勅によって開眼師の菩提僊那《ぼだいせんな》や講師の隆尊《りゅうそん》に開眼の儀式を行うように要請するところから始まります。菩提僊那は、華厳経の思想に精通していたインド僧であり、インド呪術にも通じていたといわれています。彼は、朝廷の要請を受けて林邑国《りんゆう》出身の僧仏哲《ぶってつ》、唐の僧道璿《どうせん》とともに天平八年（七三六）に来日しました。三人の僧ははじめ九州の大宰府に赴き、行基に迎えられて平城京に入り、大安寺に住していたといわれています。この菩提僊那と彼に随伴した林邑僧の仏哲が、今日でも奏されている「迦陵頻《かりようびん》」、「菩薩」といった仏教と縁が深い楽曲、すなわち「林邑八楽」[22]を伝えたといわれています。

その後、四月四日に、聖武太上天皇と光明皇太后が東大寺に行幸し、開眼供養の無事を祈りました。次いで六日に、開眼供養を朝廷での元日の儀式と同等のものとするべく百官すべてが参加し、その結果、朝廷が空っぽになるので、臨時の鎮護京使が任命されました。兵士二百名ずつで左右京を守ることになったのです。翌七日には有力諸家が造花を献上して準備を万端整えたのですが、供養会当日の八日の天候が不順であったため、九日に延期となりました。

法要当日は、まず聖武太上天皇、光明皇太后、孝謙天皇が東大寺布板殿に着座。続いて東大寺境内の内にすべての文官・武官が整列しました。最後に当時の一定の位（復位）以上の僧侶千二百六名が南門から入場し着座しました。法要の主役である開眼師の菩提僊那が東から、講師の隆尊が西から、それぞれ輿《こし》に乗り、白い天蓋《てんがい》をさしかけられて入場。開眼師が大仏前に進み、大きな筆をとって大仏の眼を黒く塗り開眼を行いました。その筆には綱がついており、その綱から幾本にも細い綱が枝分かれしていました。それらの綱を太上天皇、皇太后、天皇をはじめ、主だった多くの貴顕が握って開眼師と一緒に開眼を行ったのでした。引き続き、講師による華厳経の読誦と講説が行われました。法要本体としてはここで一区切りとなり、ここからは開眼を終えた大仏を楽舞で供養する法要部分になります。

約九千人余りの一般僧侶（衆僧）や見習いの僧尼（沙弥《しやみ》・沙弥尼）が南門から入場し、会場の西側の席に着座。次いで平城京の四大寺院（大安寺・薬師寺・元興寺・興福寺）から様々な珍しい物が毘盧遮那仏の供養のために献上されました。次に、種々の楽を演奏しながら楽人たちが南門から入場します。その後、度羅楽《とらがく》を伴奏として、四大寺院の僧侶たちの行道が会場を二周しました。次いで、左大臣の橘諸兄が、みずから先頭に立って伎楽の鼓を打ったとされます。おそらく、この橘諸兄のパフォーマンスに引き続いて本格的に伎楽が奏せられたのでしょう。行道を終えた楽人たちは、会場の東西に分かれて着座。これより種々の楽舞が、雅楽寮や諸寺の楽人たちによって次々と演じられることになります。これらの歌舞が供されて開眼供養は終わり、終了後に参加した僧侶らに布施が与えられました。

プレ雅楽芸能は百花繚乱

『続日本紀』によれば、この開眼供養会では五節《ごせち》舞（大歌舞）・久米《くめ》舞・楯伏《たてふし》（舞）・踏《とう》歌《か》・袍袴《きぬはかま》が演ぜられたとされています。『東大寺要録』にはさらに詳しく、これらの舞以外にも唐散楽《とうさんがく》、唐中楽、唐古楽、高麗楽、度羅《とら》楽、女漢踏歌《おんなあやとうか》（女踏歌）、銚子名《ちょうしめい》[23]、林邑楽、唐女舞、高麗女楽と種々の外来音楽も挙げられています。特筆すべきことは、種々の外来音楽とともに、五節舞、久米舞、楯伏舞、踏歌といった日本古来の歌舞や日本の神々や神話を称揚するために演じ伝えられてきた歌舞が、仏教の大仏供養にも用いられている点です。この時点において、カミとホトケとになんらかの結合が生じていることを、儀礼の形から窺い知ることができます。のちに様々な形態をとることになる「神仏習合」が国家的に追認されているわけです。この宗教的感性がどのようなものであったかを理解するために、この供養会で演じられたそれぞれの舞の由来について少し立ち入ってみます。

『続日本紀』によれば、五節舞は、天武天皇（在位六七三〜六八六）が君臣親子の道理を示し、礼と楽によって上下を整えて和らげるために造られた、とされています。しかし、林屋辰三郎氏によれば、『続日本紀』などに「五節田舞」という表現が見受けられることから、その起源は、農耕習俗に根差すものであり、豊作を祈る田舞であったとされます。宮廷で演じられた五節舞のルーツは、田舞のうち、倭舞《やまとまい》として大和によって代表された地方歌舞であるとされています。(24)当時の宮廷には、祝日に天皇が群臣を招いて各種行事を行い、その後に饗宴を行う儀礼的な催しがあり、それを節会《せちえ》といいます。そのうち特に重要な五つの節会、すなわち五節（元日、白馬《あおうま》、踏歌、端午、豊明《とよのあかり》）において、農耕の繁栄を朝廷として予祝する必要から、倭地方の田舞が五節舞として、国家的に大きな儀式に用いられることになったといわれています。もっとも、厳密にいえば、五節舞と田舞を同一のものとみなすべき根拠は文献上にはないとして、五節舞と田舞を元来は別のものと考えるべきとの学説も出てきています。(25)

さて、五節舞は、元来男性が舞うこともあったようであり、大仏開眼供養の際にも男性の王臣によって舞われましたが、平安時代には、もっぱら女性が舞うようになりました。今日でも、大嘗祭で女性が十二単《じゅうにひとえ》を来て五節舞を舞う姿がしばしば紹介されています。舞人が女性になったのは、天平十五年（七四三）に当時の皇太子阿倍内親王（のちの孝謙女帝）が、みずから百官の前でこの舞を舞ったことに端を発するといわれます。また、当時の元正上皇が、五節舞を、統治者として君臣・親子の道理を示し、礼と楽によって上下和するための舞であると明言し、五節舞に政治儀礼的な意味を付与しています。五節舞は、皇位継承者としての内親王の風姿を群臣に強く印象づける儀礼的な舞として位置づけられ、こののち、田舞とは切り離されていきました。奈良時代には、五節舞の演奏機会はとりたてて限定されていませんでしたが、平安時代になると、新嘗祭や大嘗祭後の公式の宴席である豊明節会《とよのあかりのせちえ》では必ず舞われる重要な歌舞になっています。いずれにせよ、五節舞は、日本古来の神事において、天皇に対面して舞われるべきものであったのであり、本来、日本の神祇観念に関わって成立してきた舞です。

久米舞は、記紀の神武天皇条に記載のある「来目歌《くめ》」に由来するものです。一部は神武天皇の御謡ともいわれていますが、元来は、朝廷に服属し戦闘でもって奉仕した来目部（久米部）の歌であり、来目部の族長が天皇に対する寿祝の心持ちを歌い、天皇に忠誠を誓う歌謡であったといわれています。記紀の「来目歌」の多くは、朝廷に反抗する者たちを「撃ちてし止まん（撃ち取ってしまおうぞ）」ととりまとめる勇壮な詞で締めくくられています。久米舞は、被征服民の服従を示すための所作にその発生を持ちつつも、それらとは反

久米舞　舞人：日本雅楽会　写真：林陽一氏（『雅楽壱具』〈東京書房〉より転載）

対に征服者の武威を示すものとして儀礼化したものと考えられています。

　律令制が整えられた際に、久米歌と久米舞は宮廷儀礼に組み入れられ、雅楽寮で伝習されました。久米舞も、古来より、大嘗祭後の公式の宴席である豊明節会では必ず舞われている重要な歌舞になっていました。現在舞われている久米舞は、後土御門《ごつちみかど》天皇の文正元年（一四六六）以降途絶えていたものが、江戸期の文政元年（一八一八）に再興されたものですが、現代においても大嘗祭で舞われる重要な演目の一つです。大嘗祭では、新天皇が神武天皇以来の皇統を継いだ者としてアマテラスに認知してもらうことを象徴する儀式が行われるといわれていますが、久米舞は、大嘗祭を終え、神武天皇を始祖とする皇霊と繋がり神格化した新天皇を寿《ことほ》ぐ舞と考えられています。それゆえ、大嘗祭以外にも、天皇霊を祀る際にしばしば演じられる演目でもありました。

後にも触れますが、大仏開眼供養会に先立って、宇佐八幡宮の八幡神の依代として大神《おおがの》禰宜尼大神朝臣社女《ねぎにおおがのあそんもりめ》が東大寺を訪問して造立中の大仏を礼拝した際にも、唐楽、呉楽、渤海楽といった外来音楽に加えて、五節舞とともに久米舞も奉ぜられています。これらの芸能は、まずもって大仏への供養として上演されたのですが、元来、天皇霊を祀る機会に関わる久米舞などは、八幡神に応神天皇霊が習合していますので、大仏を礼拝する八幡神を祀る意味合いがあったのではないでしょうか。そもそも、八幡神が「天神地祇を率いて、大仏建立を成功させる」といわれたことが大仏造立の機縁の一つでもあったとされますので、これらの神々を祀る五節舞や久米舞を演ずることは、仏教を奉ずる神々への供養をすることを通じて、間接的に仏への供養にもなるのでしょう。日本古来の楽舞が次々となされる大規模な仏教法会は、記録にある限りこの八幡神の大仏礼拝の時が初めてで、このスタイルはのちの東大寺大仏開眼供養会へも受け継がれていくのです。

楯伏舞《たてふしまい》については、歴史書に記述が少なく、東大寺大仏開眼供養会以外では、『日本書紀』の持統天皇二年（六八八）に天武天皇の殯宮《もがりのみや》において、死を追悼する歌舞である

「誄《るい》」として舞われた記述があるのみです。ただ、大仏開眼供養では久米舞と並んで記録されており、当時重要視された舞であったといえます。甲を着し刀楯を持って舞う、との記録もありますが、その舞の所作のうちに楯を伏せるというものがあったとされるので、おそらく戦闘を目的とするよりは、むしろ服属を象徴するものであったのでしょう。

踏歌は中国から伝えられた群集舞で、足を踏み鳴らしながら行進しつつ、集団で整然と舞うものであり、日本においては舞人は女性によって構成されることが多かったようです。持統天皇（在位六九〇～六九七）の頃には踏歌はまだ漢人・唐人によってのみ奉仕されており、わが国の人が踏歌に参加することはなかったようです。しかし『令義解』（八三八）の雑令・諸節会条に「踏歌の節会」が制定されており、日本人の官人たちが天皇の前で踏歌を披露する儀式が行われています。毎年一月十四日と十五日には男踏歌が行われていましたが、『令義解』の規定の「踏歌の節会」は、女踏歌の行われる一月十六日ですので、日本では女踏歌が中心であったことを窺い知ることができます。『東大寺要録』に記載された大仏開眼供養会の際の「女漢躍歌《おんなあやおどりうた》」については、校訂者の筒井英俊氏がその頭注において、本来は「女漢人躍歌」ではないかと指摘されています。「躍歌」は「踏歌」と理解されるのですが、供養会においては漢人の女性による踏歌が行われたのではないでしょうか。

しかしながら、日本式の踏歌の中には、日本古来の歌垣《うたがき》が同化しているといわれています。歌垣とは、飲食・歌舞・性的開放の三つの要素を含む民間の群集舞であり、これらの要素のうち群集による歌舞が宮廷に取り入れられ、すでに行われていた踏歌と同化していったと考えられています。歌垣は、もともとは、春山入りの予祝行事として行われた呪術的なものでもあったようです[26]。それは山岳信仰とも結びつき、芽吹き始めた春山の神に対するタマフリ的な要素をはらんでいます。踏歌が「あらればしり（阿良礼走）」（足を踏み鳴らして荒々しく駆けること）と訓じられたこともあったのは、この由来の故であると思われます。一月十六日に行われる踏歌の節会が成立した平安時代には、踏歌の形態も安定して、舞妓四十人が、年始を言祝ぐ漢詩文を歌いながら練り歩くものとなっていたようです。

ところで、『続日本紀』の東大寺大仏開眼供養会の記述の中にある「袍袴《きぬはかま》」（袍《ほう》や袴をつけた芸能）というのは、正確にはどのようなものを指しているかはわかりませんが、「袍袴」は中国の衣服スタイルであることから、外来音楽系の諸々の芸能であったと思われます。前に挙げた『東大寺要録』に記載のあるもののうちで、『続日本紀』には挙げられていない外来の芸能に相応するいくつかのものについて触れてみましょう。

当時の外来音楽の中心は、「唐楽《とうがく》」です。安定して広範囲を支配する大帝国である唐（六一八〜九〇七）が成立すると、西域から種々の楽舞が流入してきました。これらは唐から見て「胡楽《こがく》」と総称され、これらが中国の伝統的な音楽と融合して、宮廷の宴饗用の楽舞である「燕楽《えんがく》」が成立しました。唐楽として日本にもたらされた音楽は、もっぱらこの宴席での「燕楽」であり、中国の正統な祭祀楽すなわち本場の「雅楽」ではなかったのです。この唐楽は多様なものであったようであり、開眼供養会においても、詳細は不明ですが、唐散楽、唐中楽、唐古楽、唐女舞など様々な唐楽が披露されています。

「高麗楽《こまがく》」、「高麗女楽」は正しくは高句麗《こうくり》の音楽です。朝鮮の三国から伝来した音楽は、それぞれの国の名前を冠して新羅楽、百済楽、高麗楽といわれ、また三つ合わせて三韓楽《さんかんがく》とも称されていました。高麗楽は宮廷で行われた鼓吹楽であったといわれています。また、高麗楽には管絃の楽器も整備されていたともいわれています。のちに、平安時代の楽制改革時に三韓楽が統合整理されて、左方唐楽に対応する右方高麗楽へ合一されていきますが、ここではまだその前身にあたるものが演奏されたと考えられます。

「度羅楽《とらがく》」や「散楽《さんがく》」の、供養会における正確な芸態は不明です。「度羅」は地名を指していると考えられていますが、そもそもそれがどこにあったのかも不明です。しかし、天平三年（七三一）の雅楽寮の人員改定においては、雅楽寮の中には六十二名の度羅楽生が置かれており、唐楽の六十名よりも多く、開眼供養会の時点では極めて重要視されていた外来楽舞なのです。他方、散楽は、古書には「散楽雑芸」とあり、舞楽というより雑技に

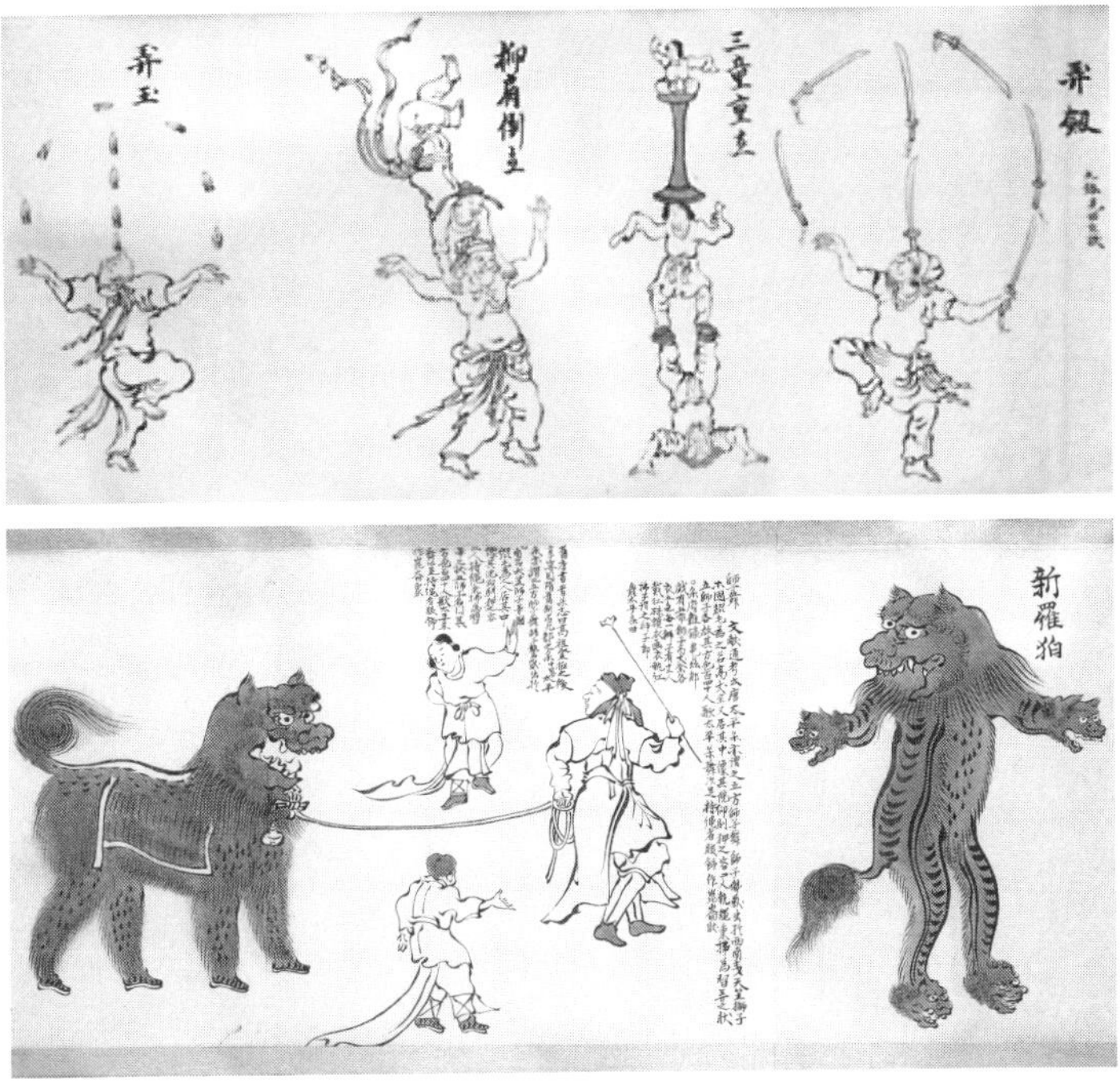

散楽『信西古楽図』より

蘭陵王　四天王寺「聖霊会」 舞人：筆者

近いもので、滑稽な身振りや「俳優躰《わざおぎたい》」と表現されるオーバーな演技や物まね、さらにはアクロバットのようなものも伴っていたと推測されています。

散楽師は雅楽寮で養成されていたのですが、延暦元年（七八二年）に廃止され、多くの散楽師が民間へ流入していきました。民間に根付いていった「散楽」は、また「猿楽」とも呼ばれるようになっていきましたが、こうした猿楽の雑技は、民間の田まつりと結びついて、民衆が群舞する大規模な芸能大会ともいえる「田楽」へと展開していきましたし、「猿楽」の一形態が昇華されて現在「能楽」と呼ばれているものが現れてきます。また、平安時代には、宮廷貴族の中でも「猿楽」を能くする者が現れ、神聖な神楽が演奏された後の余興としてしばしば演ぜられ、機知や滑稽に富み、時には少々下品でもあった芸態が、貴顕をも魅了していたようです(27)。他方で、雅楽寮から排除された「散楽」の一部は、平安時代には雅楽化あるいは舞楽化して新しい雅楽制度の中へ吸収されていきました。現在も演奏される「蘭陵王」や「剣気褌脱《けんきこだつ》」などの曲も、もとは唐や朝鮮での散楽であったともいわれています(28)。

「林邑楽《りんゆうがく》」は、前述のように、開眼師の菩提僊那につき従って入朝した林邑僧の仏哲によってもたらされました。林邑は、後漢末から隋初にかけて現在のベトナム・カンボジアの一部およびタイの東部を占めていた王国です。それゆえ、地理的位置からして、林邑楽

菩薩　四天王寺「聖霊会」 現在は簡単な所作のみなされる。

抜頭　四天王寺「篝の舞泉」

はインド系の舞楽であったのではないかと考えられています。この楽舞は開眼供養会において初めて国家的行事で披露されましたが、『東大寺要録』に引用されている『大安寺菩提伝来記』によれば、開眼供養会では、林邑楽のうち、「菩薩舞」「陪臚《ばいろ》」「抜頭《ばとう》」といった曲が披露されたと思われます。これらの三曲に「迦陵頻」を加えた四曲は、確実に林邑楽に由来を持つものとして考えてよいようです。その後、林邑楽は奈良の大安寺で伝習され、大同四年（八〇九）の官符によれば、この年に雅楽寮での伝習項目にも取り入れられましたが、平安時代の楽制改革の際に統合整理され、唐楽のカテゴリーに接収されていきました。

五、雅楽のコスモロジーの端緒としての八幡神

悟りを目指す日本の神々

儀礼のかたちには、その儀礼がなされる際の背景となるコスモロジーが投影され、また、儀礼のかたちによって、そのコスモロジーが発信され、参加する者たちへそのコスモロジーへの賛同を促し、広め、維持する機能を果たします。私は、この東大寺大仏開眼供養会という儀礼こそが、日本における独特の宗教形態である神仏習合のコスモロジーを、国家的に認知し、その後にそれを進展させる里程標《りていひょう》になったと考えています。そこには、僧侶たちの声明とともに現代の雅楽の原型となる諸芸能が参集しています。ここで形成された神仏習合のエートスは、こののち平安時代に形成される日本の雅楽に浸み込んでいきます。

すでに見たように、ホトケはそもそも外来のカミとしてまず受容され始め、ホトケとカ

ミは共存していました。この時点では、むしろホトケはカミの枠組みの中に押し込まれていたわけです。しかし、開眼供養会を経た直後の八世紀後半から、仏教優位の神仏習合が進み、新しい日本宗教のコスモロジーが形成され始めました。その時の習合の背景になったのが神身離脱思想です。この経緯について少し立ち入ってみましょう。

仏教が日本に伝えられて百年ほど経過した六四五年の乙巳《いっし》の変（大化の改新）の頃から、仏教の修行の主流は山岳修行になっていきました。当時中国では、仙人は深山で修行するという道教の神仙思想の影響で、仏教徒の山岳修行も流布していました。その修行様態を遣隋使らが伝えたところ、元来、カンナビ信仰があった我が国でも、山に籠りつつ仏教修行をすることで神々の力をも吸収し、『孔雀明王経』『薬師経』『観音経』などに説かれている仏教的呪力を身につけるための山岳修行が広まっていきます。山岳修行の波は、飛鳥地方南の吉野山（金峯山）から始まり、民間レベルの仏教は、日本全国のカンナビ信仰を受ける霊山を修行場として広がっていきます。七世紀に活躍した役小角《えんのおづぬ》（役行者《えんのぎょうじゃ》）も、このような山岳仏教修行者の一人です。貴族の病気を呪力で治癒したこともあって、貴族の帰依者もいたようです。正史の『続日本紀』にも、役小角は「呪術で称賛され」、「鬼神を使役した」との記述が残っています。

こういった趨勢から、東大寺大仏建立の由縁になった、仏典の持つ呪力によって国の禍を鎮めようという鎮護国家思想が生まれてきます。『金光明最勝王経』（金光明経）、『仁王護国般若波羅蜜経』（仁王経《にんのうきょう》）には、天皇がこれらの経典を受持、読誦《どくじゅ》すれば、四天王をはじめ神々が国土を守護するという思想があり、奈良時代には、天皇の許可によって得度をして、国家から特権を与えられて鎮護国家の祈禱をする官僧が定められます。なお、官僧の山岳修行は『養老令』（七一八）の「僧尼令」などによって厳しく統制されていますが、これは反対に、いかに国家が、制度的に担保された正統な修行者によって国家を護ろうとしていたかということを示しています。先ほど見た東大寺大仏開眼供養会は、まさに鎮護国家思想の集大成の一つといえるでしょう。天平十五年（七四三）の「盧舎那仏造営の詔」において、聖武天皇は「本当に三宝（仏法僧）の威光と霊力に頼って、天地共に安泰になり、よろずの代までの幸せを願う事業を行って、生きとし生けるもの悉く栄えんことを望む」と宣《のたま》っています。そして、開眼供養会には官僧はもちろん、民間の山岳修行者と思われる優婆夷《うばい》・優婆塞《うばそく》といった僧侶も招集されています。まさに、天皇を頂点として官民の仏教的呪力を結集した法要であったといえます。

しかし、釈迦が説いた仏教は、元来は、人間の実存を見つめ、人生は生・老・病・死といった苦によって充ちていると看破し、人生における苦にいかに対処するかを説いたものです。苦の原因は欲望が満たされないことにあります。ですので、人間を振り回す欲望からいかにして自由になるか、ということが仏教の究極の関心事となります。このような仏教の根本思想そのものも次第に受容されていきました。それによると、欲望に振り回されて悟りを得られない限り、諸存在は、天・人・地獄・餓鬼・畜生・修羅といった六道の迷いの存在形態を延々と繰り返す輪廻《りんね》の中にあるといわれます。六道には、「天」も含まれています。「天」はサンスクリット語の deva の訳語で「神」のことを指します。また、「天」が六道の中の一つを意味する時は、神々の住む世界である天界（svarga）を指すことが多いようです。仏教はインドからの展開過程において、バラモン教やヒンドゥー教などの神々を、仏法を護る存在として採り入れてきました。さらに、禅定《ぜんじょう》の深まりに応じて、天界にも欲界・色界・無色界と、次第に欲望から自由になる仏教独自の段階が設定されました。これらの世界に住む神々は人間以上の存在であり、人間よりは諸々の欲望からは自由なのですが、結局は神々もまた寿命を持ち、醜く衰亡して輪廻転生を繰り返し、苦の世界からは脱出できません。

仏教の影響力が次第に増し、仏教の枠組みに日本の神々を位置づけた場合、それらは仏教でいうところの「天」にあたると考えられました。西洋の神観念からすると、人間は死すべき者であり、神々は不死なる者です。この点、日本の神話の神々は、イザナミが死んで黄泉《よみ》の国へ行き醜い姿になったように、どうやら、もともと衰亡や死から逃れられない存在のようです。またアマテラスも弟のスサノオの狼藉に悩み苦しみます。ですので、仏教の立場から見れば、日本の神々は天界に住むものであるけれど、実は輪廻の内にあり苦しんでいると解釈することは、それほど無理な話ではなかったのでしょう。そこで、日本の神々も苦から逃れるために仏教に帰依することがありうるのではないか、という観念が生まれ、この観念が遊行する民間の山岳仏教修行者たちによって日本各地に流布されました。そして、八世紀後半から、実際に、神々は、神の身を離れるために悟りをめざして仏道に帰依し修行しているという観念が、人々の神祇信仰の中に現れてくるのです。

神仏習合を先導する八幡神

『八幡宇佐御託宣集』巻六によれば、天平十五年（七四三）の大仏建立の詔の四年後の天平十九年（七四七）に、朝廷は使を遣わせて九州の宇佐八幡宮の八幡大神（以下 八幡神）に大仏造立祈願を行わせました。これに対して八幡神から託宣があり「神である私は、天神地祇を率先して誘い合わせて大仏造立成就を祈願しましょう」と応えたとのことでした。また、その後に大仏の表面に施す金が不足したので、天皇は唐から金を調達しようとしました。その際、八幡神が再び託宣して、もうすぐ日本国から金が産出するから唐から調達する必要はない、と述べたところ、託宣どおり陸奥国《むつのくに》から金が出てきて事なきを得たというエピソードが残っています。この頃には、鎮護国家のための仏教興隆政策に神々が全面協力するという観念が、すでに違和感のないものとなっていたといえます。天皇が仏法を奉ずることによって、日本の有力な神もいよいよ国家鎮護に動きだしていることを示すエピソードです。

さらに、八幡神が仏教を奉ずるということを、はっきりと示す事件も起こりました。『続日本紀』によれば、天平勝宝元年（七四九）十一月に八幡神は都に向かうと託宣しました。大仏造立を助けた八幡神が奈良へ来るとあって、朝廷は大掛かりな奉迎をすることとなりました。経路にあたる諸国には殺生を禁じ、道路を掃き清めさせました。また、宮城の南の梨原宮に八幡神を迎え入れる神殿を作って神宮となし、僧四十名を招いて七日間悔過《けか》の儀式を執行させました。十二月二十七日には八幡神の依代の禰宜尼《ねぎに》である大神社女《おおがのもりめ》は、天皇の乗り物である紫色の輿に乗って東大寺に出向き、大仏に礼拝をしました。この八幡神の礼拝に際しては、孝謙天皇、聖武太上天皇、光明皇太后らが臨席したうえで五千人の僧侶を呼んで読経させ、前述のとおり、大唐楽、渤海楽、呉楽など外来の音楽に加えて、五節舞と久米舞も奏されています。その後、朝廷から八幡神に一品《いっぽん》の位も贈られました。

注目すべきは、大仏と八幡神の前で開眼供養会のプレイベントのような大法会が催され、ここでもまた大仏の前で外来音楽が奏されて、聖徳太子の「外来音楽でもって三宝を供養する」という理念が現実化していることとともに、日本古来の歌舞も奏されていることです。おそらくこの日本古来の歌舞による供養の対象は、この時は、八幡神であったのでしょう。そして、大仏の建立に大きな寄与をするとともに、わざわざ九州から、禰宜《ねぎ》女に憑依して大仏礼拝に来た八幡神を喜ばせることは、間接的に、毘盧遮那仏をも供養することになったのでしょう。いずれにせよ、この出来事によって、八幡神をはじめ古来の日本の神々もまた仏教に帰依しており、天皇が仏教を奉ずることにより、仏教の神々に加えて日本の神々もまた仏教を奉ずる天皇や国家を護るという、『金光明最勝王経』の鎮護国家宇宙観のメッセージが発せられたことになります。仏教を奉じて鎮護国家をなす神々には、日本の神々もまた含まれることが、明確に示されたことになるといえるでしょう。

そもそも八幡神は様々な神格の習合神です。国東半島にある宇佐地域の古来のカンナビ信仰である御許山《おもとやま》信仰（その神は比売神《ひめがみ》あるいは三女神ともいわれる）に、秦氏系渡来人の辛島《からしま》氏がもたらした、仏教と道教の神格を包含する異国の新羅国神が習合しました。香春神《かわらしん》と呼ばれるこの神は、「多くの幡を立て廻らし、その中で神託をきき卜占《ぼくせん》を行い読経法会を修する」(29)新羅の呪術仏教の神であり、仏教と習合して尊星王《そんしょうおう》あるいは妙見菩薩と呼ばれ、災厄を遠ざける呪力を持った北辰（北極星）信仰にも基づく神でした。そして、さらに大神氏によって八幡信仰の主神が応神天皇霊とされ、これらの信仰が重層することによって神仏習合神としての八幡神の基盤が成立しました。八幡神とは、そもそも、みずから道教色の濃い仏教を内在させる神であり、八幡神自身も仏教との繋がりを強調しています。神亀二年（七二五）に小椋山《おぐらやま》に遷座して大きな社殿に収まった時には、託宣して、二箇所の神宮寺を建立しています。また、北九州の彦山で道教的仏教を修行したといわれる法蓮という山岳修行僧がいたのですが、天平九年、八幡神はみずからの発意で、託宣して境内外にあった上記の二箇所の神宮寺を統合して境内に八幡神宮弥勒寺を建て、法蓮をその寺の別当に迎えようとしています。このように八幡神は「まさに、「仏神」であり、神仏習合を常に先導する神」(30)なのです。このような神であるからこそ、大仏造立に協力し、また、大仏に礼拝するべく上京したのでしょう。

とはいえ、八幡神はあくまでその本性は神です。それゆえ、八幡神の大仏礼拝の法会では、外来音楽とともに古来神事で奏されてきた歌舞も八幡神への供えものとして披露されました。それは、同時に、八幡神から大仏への供えものでもあったと考えられます。天神地祇の先頭に立って大仏を礼拝するのであるから、いわば日本の神々とその末裔である天皇を中心とする朝廷からの供養として、日本古来の歌舞が仏に献ぜられることは違和感のないものになったのでしょう。そして、八幡神の大仏礼拝の際にすでに、日本古来の歌舞が大仏供養に用いられる観念が形成されていたので、大仏開眼供養会では、当然のごとく、外来音楽とともにそれらの多くが奏せられたものと考えられます。

それゆえ、この時に発せられた、八幡神を先頭に神祇も大仏を礼拝する、という神仏習合コスモロジーのメッセージが、雅楽寮で伝習すべき楽舞の宗教的性格に影響を与えたことは想像に難くありません。そして、八幡神の大仏礼拝と大仏開眼供養会での楽舞の演奏形態が人々に与えた神仏習合的コスモロジーの諸表象が、さらに八世紀後半の神仏習合の新たな動きを促進させて、神身離脱思想にまで展開させたのではないかと思うのです。

八幡神は元来、仏を内在させている「仏神」であるから、神身離脱をしようとする意思はありません。したがって、八幡神は、寺院を建立しようと思えばすればよいのであって、宇佐八幡宮の神宮寺の根拠は、法蓮との契りによるものです。しかし、日本古来の純然たる神の中から、仏道修行によって悟りに至り、神の身から解脱して仏になろうとするものが現れるのです。その観念の萌芽は八世紀初頭の気比《けひ》神宮寺にあり、八世紀中頃までに鹿島、住吉、伊勢といった大神社にも神宮寺が出現したことから、この観念が急速に普遍化したことが読み取れます。神宮寺とは神威の衰えた神を救い護るために神社の傍らにできる寺院ですが、その創建事情の多くは神身離脱思想に基づいています。例えば、福井県にある気比神社の神宮寺の縁起談によれば、気比の神は仏法を篤く敬う藤原武智麻呂《ふじわらのむちまろ》の夢に現れ、「私のために寺を造り、救ってもらいたい。私の前世からの業によって、長いこと神のままである。現在、仏道に帰依して修行を積んでいるが、まだ因縁を得ていない」と述べたといわれています。また、福井県の若狭比古《わかさひこ》神社の若狭比古大神は「私は神の身を受けたため、苦悩が甚だ深い。仏法に帰依することで神という境遇を免れたく思っているが、その願いはいまだ果たされていない」と言いました(31)。ところが、身体を持たない神は自分自身では修行も布施もできないので、代わりに人間に功徳を積んでもらわねばなりません。だから神宮寺が建てられたのですが、寺院を神域内に建立することは、修行できない神のために人間が積む功徳を振り向けたもの、すなわち仏教でいうところの回向《えこう》なのです。これらのほか、伊勢神宮、鹿島神宮、住吉神社、多度神社にも、奈良時代に神宮寺が建立されています。その後も神宮寺はおよそ大きな神社のあるところには必ず存在するようになり、場合によっては神宮寺が逆に神社を支配したり、神宮寺を介して大寺院の傘下に神社ごと収めとられていくようなケースもありました。また、神宮寺建立とともに、神身離脱思想に基づき、神前読経や神社への経典の書写奉納も行われるようになりました。例えば、『日本霊異記』によれば、近江国の陀我《たが》大神は、みずからの救済のために『法華経』を読誦するように恵勝という僧に依頼しています。

こうして、奈良時代において神仏習合という日本独特の宗教コスモロジーの大枠が成立しました。雅楽寮において、このコスモロジーを浸み込ませつつ伝習された楽舞は、平安時代に、現在奏されている雅楽の形態へと再編されていきます。東大寺大仏開眼供養時には、まだ唐の大規模で賑々《にぎにぎ》しい宴饗楽としての性格を多分に含み持っていた楽舞は、平安時代において日本独特の神仏習合のコスモロジーに導かれつつ、洗練された宗教音楽へと彫琢《ちょうたく》されていくのです。

六、日本の雅楽の形成

日本の雅楽は平安時代にクリエイトされた

平安時代に入り、嵯峨・仁明《にんみょう》朝（八〇九〜八五〇　大同・弘仁・天長・承和《じょうわ》・嘉祥の年間）から楽制の改変が始まります。こののち時間をかけて楽制が変革されていき、次第に現在の雅楽のスタイルに近づいたと考えられています。

まず楽器の種類や数が縮小されるとともに再整備されました。そもそも日本に伝えられた外来の楽器は、中国や朝鮮で用いられていたものの総計の約三分の一であるといわれています。奈良時代に実際に頻繁に用いられていたものとしては、絃楽器約六種（箏・琵琶・五絃・箜篌《くご》・阮咸《げんかん》・玄琴）、管楽器約八種（龍笛・高麗笛・笙・篳篥・大篳篥・尺八・簫《しょう》・莫目《まくも》）、打楽器約九種（羯鼓《かっこ》・一ノ鼓・二ノ鼓・三ノ鼓・太鼓・鼉太鼓《だだいこ》・腰鼓・方磬《ほうけい》・鉦鼓《しょうこ》）であったよう

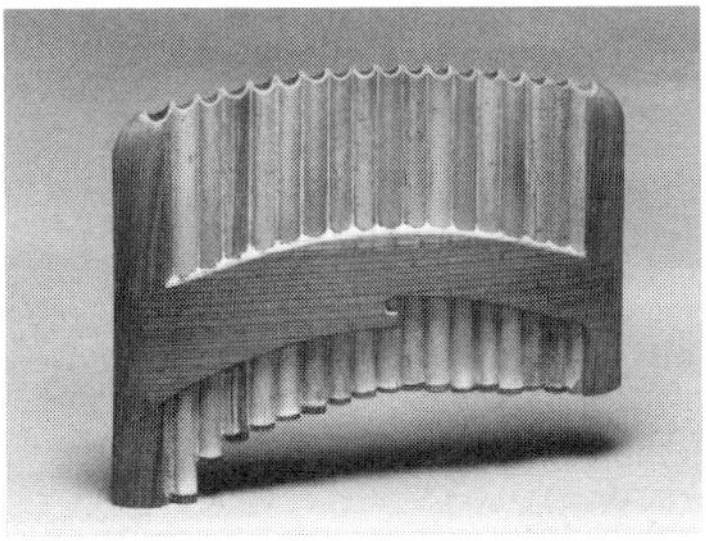

排簫（同右）

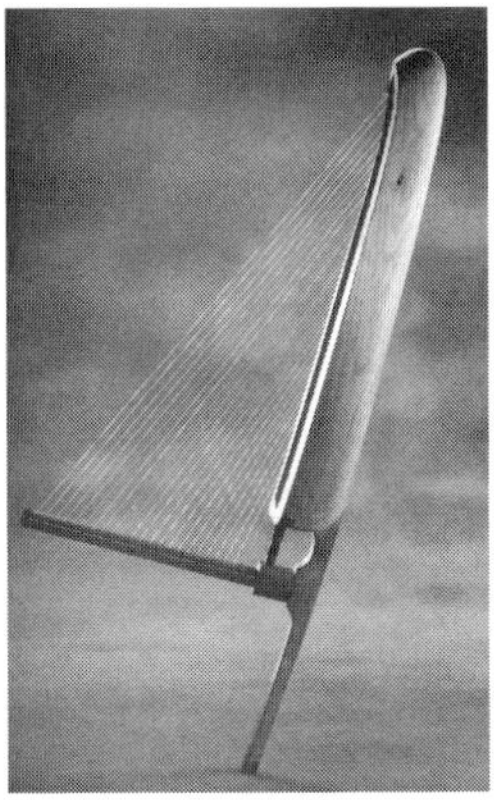

箜篌（国立劇場編『古代樂器の復元』〈音楽之友社〉より転載）

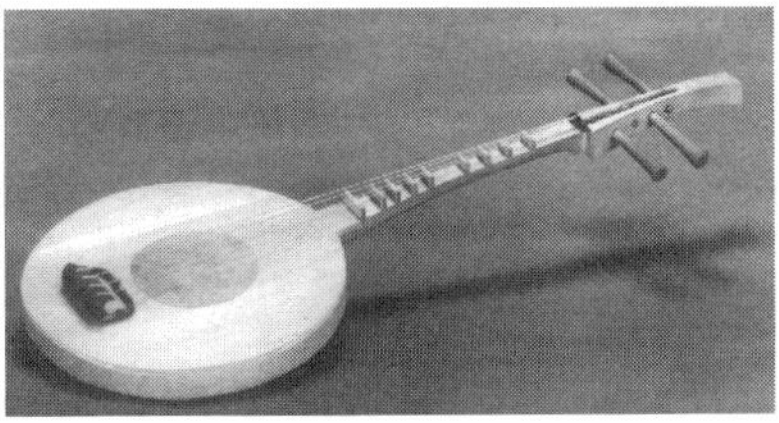

阮咸（同上）

です。ここからさらに貴族たちの趣味に合うものが取捨選択されて、唐楽が管絃という演奏スタイルでなされる時は、現在の三管（龍笛）・三鼓（羯鼓・太鼓・鉦鼓）・二絃（箏・琵琶）による編成が成立してきます。

次に、左右両部制を取り入れ、奈良時代の種々の外来音楽が左方唐楽と右方高麗楽という二つのカテゴリーに整理統合されました。雅楽の左右両部制は、近衛府を中心とした衛府の左右両部制に由来すると考えられています。衛府の官人たちは、禁中を警固し天皇に近侍することが本来の役割ですが、宮廷儀礼における儀仗《ぎじょう》、あるいは相撲や競馬《くらべうま》などの競技にも携わっていま

聖霊会楽舎・鼉太鼓

した。さらに鼓吹《くすい》（軍楽）を奏することも担当しており、音楽の素養があった衛府の官人は、儀仗や競技の際の宮中での宴席では雅楽寮の楽人と共に（時にはそれに替わって）余興的な奏楽をするようになっていきます。弘仁二年（八一一）の令制では左右近衛府、左右兵衛府、左右衛門府が置かれ、衛府に左右両部制が採用されています。これらの衛府の官人が参加した競技において左右に別れて競い、競馬などの折に勝者への褒美《ほうび》として敗者が属する部において奏楽された（負態献物）ことから、楽舞も左右に整理されていったと考えられています。また、このことは、宮廷内の行事での奏楽の機会が重要視されるようになり、その演奏者も雅楽寮の楽人よりも衛府の官人の比重が大きくなってきたことを示唆しています。これとは対照的に、雅楽寮は楽制改革の中で次第に縮小されていくことになります。さらに、この左右両部制と関連して、舞楽の演奏形式に「番舞《つがいまい》」の概念が用いられました。番舞とは、左方唐楽、右方高麗楽からそれぞれ一曲選んだものを一番《ひとつがい》の舞楽としたものです。つまり、舞楽が演奏されるときは、左方の陵王《りょうおう》には右方の納曽利《なそり》、左方の萬歳楽には右方の延喜楽といった具合に、左右のペアで演奏されるようになったのです。

胡蝶　四天王寺「聖霊会」

また、舞楽曲は元来組曲であり、多くは序・破・急の三部をもって一つの完全な形式とされますが、日本に伝来した時にいずれかが欠けていることが多かったので、これらを補っていく作業も行われました。こういった楽曲の整備作業と関連して、日本での新曲の作成、廃絶した伝来曲の復元、伝来曲の改作といった雅楽に関する創造的な営みも、この楽制改革で行われていきました。雅楽におけるこのような創造的な機運が最も高まったのは仁明天皇の承和年間（八三四～八三八）です。仁明朝では、東大寺大仏開眼供養会から約八十年を経て、日本人の中でも雅楽を自家薬籠《やくろう》中のものとする人物が輩出《はいしゅつ》されました。例えば、大戸首《おおへのおびと》清上《きよかみ》（生年不詳～八三九年）は元号の承和にちなんだ承和楽《じょうわらく》や壱団嬌《いっときょう》を作曲し、作舞を担当した尾張連《おわりのむらじ》浜主《はまぬし》（七三三？～没年不詳）とともに拾翠楽《じっすいらく》・河南浦《かなんほ》・応天楽といった舞楽曲を作り上げました。また、大戸清上の後継者が和邇部宿禰《わにべのすくね》大田麿《おおたまろ》（生年不詳～八六五）であり、多くの曲を作曲し、雅楽の日本化、楽制改革に重要な役割を果たしたといわれています。[32]

神聖な天皇も高位貴族も雅楽プレーヤー

これらの名人は雅楽寮の官人の楽人でしたが、[33]楽制改革の時代は、嵯峨天皇や仁明天皇自身をはじめ天皇・皇族・公家からも雅楽の達人が現れ、雅楽は貴族社会の教養の一つとなっていきました。例えば、宮廷内で最高貴族たちが雅楽を演奏することは、「御遊《ぎょゆう》」という形で半ば制度化・慣習化されました。御遊は、さまざまな儀式に伴う饗宴の際に、殿上人の音楽の遊びとして催される演奏会であり、管絃と催馬楽《さいばら》などの歌物が、天皇・親王や参議以上の高位者によっても奏されました。雅楽楽曲の音階は大きく「律《りつ》」旋律と

「呂《りょ》」旋律に二分されますが、律旋と呂旋の曲からそれぞれ数曲ずつ、管絃と催馬楽を演奏するならわしとなっていたようです。十世紀以降には、「御遊」に多くの殿上人が参加したり、五位以下の「地下《じげ》」といわれた楽人が、助演する「召人《めしゅうど》」として参仕するようになってきます。このような趨勢の中から、九世紀後半には、醍醐《だいご》天皇の勅命で『新撰横《しんせんおう》笛譜《じょうふ》』（『南竹譜』）をはじめたくさんの雅楽譜を編纂し、後代の名手大神維季《おおがのこれすえ》（一〇二六〜九四）に「管絃ノ長者」とも言われた貞保《さだやす》親王（八七〇〜九二四）、十世紀半ばには村上天皇の勅命で『新撰楽譜』を著し、今日にも伝わる名曲「長慶子《ちょうげいし》」を作曲したという源博雅《みなもとのひろまさ》三位（九一八〜九八〇）といった、最高貴族の雅楽の名人達が生まれてくるのです。

また、醍醐天皇以降、和琴や笛を能くし、雅楽曲の伝授相承の系譜に名前を残す天皇も出て来られます。[34] 特に堀川天皇（在位一〇八七〜一一〇七）は雅楽に通じ、笛が堪能でした。在位中の康和二年（一一〇〇）に、神楽の秘曲と舞楽「胡飲酒《こんじゅ》」および「採桑老《さいそうろう》」の相承者であった衛府の楽人の多資忠《おおのすけただ》、時方《ときかた》親子が、競合していた楽人に殺害され、これらの相承が絶えかける危機が起こりました。この時、堀川天皇は、資忠の子供であった忠方《ただかた》と近方《ちかかた》を元服させ、勅命でもって、胡飲酒については、伝受していた太政大臣源雅實から兄忠方へ、採桑老については、これも相承者であった天王寺楽人秦公貞《はたのきみさだ》から弟近方へ伝授させ、神楽の秘曲は資忠から天皇ご自身が伝受されておられたため、兄弟二人共にそれを伝授して、これらの曲目の正統な相承を護持したという逸話が残っています。天皇や太政大臣といった最高貴族が、正統な相承者となるほどの雅楽の専門的な演奏家であったということは、雅楽を演奏すること自体が、高貴な存在が営む聖なる営為であったということです。また、こういった相承の系譜を守ることが勅命によってなされるということは、雅楽の秘曲等の相承が国宝並みの神聖な価値を有していたことを示唆しています。

このように平安時代の宮廷において雅楽演奏が隆盛となったのは、中国における君子の理想像のように、学問とともに詩歌管絃に通じることが、平安官人の心得とされたからです。もちろんその理想像は、孔子が、「詩書礼楽」が政治に携わる者の教養として不可欠であることを説いたことに基づいています。この思想は平安時代以降も維持され、例えば、鎌倉時代の順徳天皇（在位一二一〇〜一二二一）が著した『禁秘抄《きんぴしょう》』においては、天皇やその側近が身につけるべき諸芸について、「第一に学問」、「第二に管絃」と書かれています。また、吉田兼好も『徒然草』の第一段の末尾で、貴族の理想像として、文の道（学問の道）とともに、「作文（漢詩）・和歌・管絃（雅楽）」に秀でていることを挙げています。いずれにせよ、平安時代に主に貴族たちの手によって、現代のスタイルに繋がる日本の雅楽が成立しました。そして、その担い手も、雅楽寮の楽人から内裏の近衛官人、さらには天皇、親王をはじめ三位以上の最高貴族たちへと推移していきます。そして、のちに見るように、宮廷内に雅楽伝承の中心である大内楽所《おおうちがくそ》が成立してくるのです。このようにして、雅楽を奏するということは、当時の日本において最も高貴な存在による聖なる営みであるというイメージが成立してくるのです。

このことは、雅楽のコスモロジーを考えていくうえで、非常に重要な意味を持っていると私は考えます。神話の神々の末裔である天皇や最高貴族が内裏という神聖で隔絶された場で雅楽楽器を演奏するという表象は、あたかも俗世を超越した世界で雅楽が演奏されているという観念を連想させ、雅楽自体にさらなる神聖な価値を付与せしめたと思われます。そもそも、雅楽寮で伝習された音楽は、人間から神祇や諸仏への供養物として考えられていました。その音楽は、少なくとも神仏の神聖な領域に供えられるべきものであるので、なんらかの聖性を帯びていると表象されていたことでしょう。しかし、演奏者自体は、必ずしも高い官位を有していた者ではなく、とりたてて神聖な存在ではありませんでした。しかし、天皇や公達が雅楽を演奏することによって、最も高貴で神仏に近い存在が神聖な音楽を演奏しているという表象が形成されることになります。およそ天上に繋がる神聖な存在が演奏する音楽であるなら、雅楽自体も、人間の領域にあるものではなく、本来神聖な世界に属するものである、という観念が芽生えてきます。

この観念を、仏教において、阿弥陀如来の極楽浄土へ往生することを願う浄土教に翻案してみれば、雅楽は極楽浄土の音楽である、ということになります。例えば、平安時代の天喜元年（一〇五三）に藤原頼通《ふじわらのよりみち》によって建てられた平等院鳳凰堂の壁には、浄土の雲中を、雅楽楽器を奏しながら飛び交う菩薩像があしらわれていますし、平安期に盛んに描かれた来迎図において阿弥陀如来に随伴する菩薩が奏しているものも雅楽楽器の意匠です。こういった表現は、浄土三部経といわれる『無量寿経』『観無量寿経』『阿弥陀経』における浄土の情景描写に依拠するものです。そこには、確かに菩薩が楽器を演奏するさまが描かれていますが、これらの経典は、紀元後一世紀頃に成立したインドのサンスクリット浄土教経典原本がのちに漢訳されたものです。したがって、経典には、当然のことながら、成立して間もない当時の日本の雅楽こそが浄土で奏でられている音楽である、と明記されているわけではありません。それにもかかわらず、日本の建築や絵画において上記のような表現がなされるのは、平安時代の神聖な天皇と、最高貴族が、自ら雅楽楽器を演奏したことが、雅楽そのものが神聖な存在によって演奏される音楽であり、超越的な世界に帰属しうるものである、と表象されることを準備したのではないかと思うのです。

聖徳太子が「三宝を敬うには蕃楽を以てなすべし」と規定した仏教的雅楽の流れは、東大寺大仏開眼供養において神仏習合を準備しつつ、一つのピークを形成しました。さらに、雅楽のコスモロジーは、仏教的な側面においては、平安時代の楽制改革を通じて、仏世界の音楽、とりわけ浄土の音楽へと展開してきたことになります。雅楽のコスモロジー形成においては浄土教が大きな役割を担っているようです。次に、平安末期における浄土教における雅楽の様相を見てみましょう。

七、浄土思想と雅楽

空海の密教と御霊会も雅楽形成の背景

奈良仏教の中心であった東大寺の大仏開眼供養会において、雅楽の前身ともいうべき諸芸能がしっかりと結びつきました。しかし、平安時代の楽制改革を経た後、平安時代末期には、浄土教と雅楽という結合が、雅楽のコスモロジーの中核を形成するようになってきます。今日でも「雅楽は浄土の音楽」という観念は維持されています。この間にどのような変化があったのでしょうか。まずは、日本で浄土教が大きな流れとなるまでの日本仏教の流れを簡単に追ってみましょう。

仏教は、律令体制と仏教による鎮護国家政策に基づき、奈良で本格的に受容され、研究されるようになりました。その拠点は東大寺、元興寺、大安寺、法隆寺、薬師寺、興福寺、唐招提寺でした。これらの拠点で研究された仏教は、平安時代の代表的な二宗である天台宗と真言宗に対比して南都六宗といわれます。その南都六宗とは、空思想を中心に論ずる「三論宗」とその付宗である「成実宗《じょうじつしゅう》」、唯識思想を中心する「法相宗《ほっそうしゅう》」とその付宗である「倶舎宗《くしゃしゅう》」、鑑真が伝えた戒律を研究する「律宗」、そして当時の中国で大きな影響力を持っており、宗派の三祖である法蔵の弟子の審詳《しんしょう》によって天平八年（七三六）に日本へ伝えられた「華厳宗」です。

奈良仏教の大部分は、大衆の救済に主眼を置いた大乗仏教でしたが、高度に体系化・抽象化された教学に基づいていました。例えば、「華厳宗」は東大寺（伝来当時は金鐘寺といわれた）に拠点を置き、奈良仏教思想の中心となり、その深遠な仏身論を説きました。それによれば、奈良の大仏が体現している「盧《る》舎那《しゃな》仏《ぶつ》」は、歴史上のブッダ（釈迦仏）を含む過去および未来のすべての仏を包摂する法身《ほっしん》の仏である、とされます。『華厳経』を説法する教主が「盧舎那仏」（『華厳経』六十巻本では「毘《び》盧《る》遮那《しゃな》仏《ぶつ》」）ですが、元来は現実世界に形を持たない法そのものともいうべき法身であり、それゆえに、盧舎那仏の力を受けた菩薩たちが説法するという形をとっています。『華厳経』によれば、あらゆる事物・事象は、それらが互いに縁となり、自在に限りなく交流・融合し合って起こっているのであり、この因縁によって生起する（縁起）という真理そのものの現れでもある（法界縁起）、と考えられています。それゆえ、仏身すらも、他と独立して存立する実体ではなく、真理が縁起して現れている仮の姿にすぎないとされるのです。また、奈良仏教には、インドに源流を持つ空《くう》の思想（中観派）や精緻な人間心理の分析（唯識派《ゆいしきは》）の極めて難解な理論や高度な修行方法も導入されていました。

奈良仏教においては、このような高度に抽象的な教学研究や、多様な贖罪《しょくざい》のための苦行方法が展開したのですが、これらはもっぱら出家僧侶の課題であり、「一般在俗者は、この僧侶を供養し布施を施せば、それによって贖罪と救済が保証される」[35]とされていました。東大寺大仏開眼供養会の意義も、この思想に基づいて、三宝（仏・法・僧）を盛大に供養して、その功徳によって自分たちも国家も救っていただくというところにありました。それゆえに、儀礼における礼拝の対象として、本来は形のない盧舎那仏に大仏像という物としての形を与え、国家の救済のための朝廷からの供養「物」として外来音楽が供えられたのでした。つまり、深遠な仏教哲理における仏身論はそれとして、民衆の心を捉えていたものは依然として呪的な存在としてのホトケだったのです。

奈良仏教の中心は学問仏教であり高度の抽象性を備えたものであったがゆえに、「呪術と奇跡を求めて共同体的な神々を祀る社会底辺の庶民には事実上まったく理解できない教説」[36]となっていました。実は、インドでも大乗仏教成立後に同様の事態が起こっていました。そこで紀元一、二世紀の頃から呪術的な修法と修行を重んじる形で興ってきたのが密教です。こうして生まれた密教は、インドの地域ごとの呪術的な行法を吸収しているので多種多様であり、それぞれに独自の経典が開発されました。密教は、地方でヒンドゥー教の神々を仏教化し、この仏像と経典を前にマジカルな呪文を唱え、神通力を養うことで、インドや中国の人々を捉えたのです。そして、このインド発祥の密教は、七世紀までに日本にも入ってきていました。「したがって、この密教は、基層信仰のゆきづまりを仏教化された秘儀で強化・再生させる面に力点が置かれ、大乗仏教が到達した普遍性や抽象性は後退していった(37)」のです。これが一般に日本の「雑密《ぞうみつ》」といわれるものです。大仏の呪力信仰を下支えしていたのは雑密の流れです。聖武天皇によって大仏建立の勧進に任命された行基の宗教集団も、多分に雑密の影響を受けていたと考えられています(38)。

雑密とそれを担った修験僧は、呪術と奇跡によって、日本の神を悟りに向かわせるとともに、仏教によって神威を強化することによって神仏習合を促し、神宮寺造営の大きな推進力となりました。しかしながら、国家や大寺院は大乗仏教に基づき統治を推進していたので、神宮寺はみずからの力を維持強化するためには、普遍性を持った大乗的な密教と、それを導入した大寺院に属するしかありませんでした。その時に決定的な役割を果たしたのが空海（七七四〜八三五）です。空海によって、大日如来（盧舎那仏）を頂点としたすべての諸仏や神々を包括しうる普遍的な体系を持つ大乗密教が日本に将来されました。『大日経』や『金剛頂経』に基づき空海が説いた大日如来の体系（金剛界曼荼羅と胎蔵界曼荼羅）によって、奈良仏教の大乗的救済思想と断片的な呪法であった雑密が統合されたのです。空海が、高野山に金剛峯寺、京都に教王護国寺（東寺）を建立したことによって、雑密による神宮寺の設立から大乗真言密教の導入と、その日本社会への普及という精神史的な転換がもたらされたのでした。

一方、最澄（七六七〜八二二）は、当時の中国の最新の仏教教理であった天台宗を日本にもたらし、比叡山延暦寺を拠点として日本の顕教の体系を築きました。しかしながら、大乗真言密教が民衆の支持を得て日本中に拡散していく趨勢には、奈良の南都六宗ともども、延暦寺も抗することはできませんでした。東大寺別当となった空海によって弘仁十三年（八二二）に奈良仏教の中心ともいえる東大寺に真言宗の別院である真言院が置かれました。その後、南都六宗は呪力による鎮護国家の役割を果たすために、積極的に真言宗を取り入れていきます。天台宗でも承和五年（八三八）に円仁（慈覚大師）が入唐《にっとう》し、大乗密教も体系的に吸収して帰国し、天台密教（台密）を王権と地方社会に積極的に普及しようとしましたが、真言宗密教（東密）に及ぶべくもありませんでした。その後、仁寿《にんじゅ》三年（八五三）に天台宗の円珍（智証大師）が入唐して、空海が師事した恵可の直弟子である法詮阿闍梨から、その教理のすべてを学び、曼荼羅や修法とともに持ち帰ることによって、初めて台密が東密に拮抗しうる力を持つようになりました。

さて、このように平安初期から中期にかけて日本仏教が密教化していく状況の中で、新たな神仏習合の形態である「御霊会《ごりようえ》」が興隆してきます。平安時代の朝廷王権内部では、長屋王や藤原広嗣、菅原道真など権力抗争の果てに敗死した特定の者の霊は、怨みを持って現れ、祟りをなす、という観念が生まれてきていました。人々はそういった政争敗死者の魂を、敬意をもって「御霊《ごりよう》」と呼びましたが、最初にして最大の御霊は早良《さわら》親王でした。早良親王は、長岡京の造営使であった藤原種継《ふじわらのたねつぐ》を暗殺したという無実の罪で皇太子の地位を奪われ、淡路に流される途上で延暦四年（七八五）に断食死しました。その後、早良親王の祟りと思しきことが朝廷内で相次いだので、父親の桓武天皇は、早良親王に崇道天皇《すどうてんのう》の呼称を贈り、祀り始めました。

朝廷内の祟りへの恐れに呼応するかのように、社会の下層を含む広範な人々によっても、これらの朝廷内で生まれた怨霊を鎮めつつも、その悲劇を際立てることによって間接的に朝廷の王権の批判を示唆するような仏教法会が営まれるようになりました。このような、いわれなき理由で命を落とした者の鎮魂の法会は、疫神信仰とも結びついて、またたくまに民衆の間に広がり「民間行事」のようになっていきます。古来の神祇信仰でも、人間の霊魂を祀ることはなされてきましたが、それは過去の共同体祖霊と一体となったものに対して行われ、個人の霊魂を永続して祀ることは、ほとんどありませんでした。

このようにして民間から生じてきた怨霊に対する鎮魂法会は、新しいタイプの神仏の習合形態であり、御霊会と呼ばれました。『日本三代実録』の貞観五年（八六三）条によれば、御霊会は「そもそも京・畿内からはじまり、いまやその他の諸国にまで拡がっている。毎年夏から秋にかけて、御霊を祀る御霊会が催され、しばしばぶっ通しで行われる。御霊を仏と見立てて経を説き、歌や舞を加え、さらには童子を美しく着飾らせて馬上から弓を射させ、競馬を催し、芸人たちの芸競べでその場の気分を盛り上げるという具合になり、これを観んと集まる者で、その場はむせかえる[39]」ような有様だったようです。

この貞観五年は年頭から流感が猛威を振るい、多くの人が亡くなりました。これを契機に朝廷みずからが、ついに朝廷王権批判を含意している御霊会を催しました。しかし、この御霊会では、『般若心経』に加えて鎮護国家の経典である『金光明経』が読誦されました。このことによって、朝廷王権への反発心を護国心に転換しようという企図があったようです。特筆すべきは、この王権主催の御霊会の法要に引き続いて行われる技芸の披露の部分において、雅楽寮に楽を奏させ、天皇近侍の児童や良家の稚児などに唐楽や高麗楽の舞楽を舞わせ、雑技や散楽を演じさせたことです。雅楽や舞楽は、その反閇の呪的な機能を見込まれ、祟りをなす御霊にも供えられたわけです。さらにこのような御霊会は、のちに牛頭天王《ごずてんのう》の信仰へ繋がっていきます。牛頭天王は疫神信仰と陰陽道および宿曜道の交流から生まれた日本独特の習合神です。その拠点が祇園天神堂（現在の八坂神社）であり、祇園御霊会が現在の祇園祭へと変遷していきます。御霊信仰は、雅楽が陰陽道とも関連していく端緒の一つとなっているのです。

平安朝廷ではケガレ忌避が強まった

さて、弘仁十一年（八二〇）の『弘仁格式』から「物忌み」の制度が律令国家に導入されました。例えば、人の死に対しては三十日間自邸の居間に閉じこもり、「忌中」と書いた札を四方にはり、ケガレが四散するまで外出しません。また、個別的なケガレに対して、それぞれ物忌みの日数が定められています。朝廷王権の空間から、ケガレをより完全に排除すべきという意識が高まってきて、その排除を制度的に担保することになってきたわけです。『皇大神宮儀式帳』（八〇四）、『神祇令』（養老令）、『儀式』（八七三〜八七七年頃）などにおいて、儀礼が行われるべき不浄とされるケガレには、およそ三種のものがあると考えられていました。「不浄は、罪・穢・災の三種のものを含み、それは複合しながら社会集団の規範や体制を脅かし、それを混乱しカオス化させる危険な事象[40]でした。「穢」は生理的なものに係わり、死や出産、月経、結婚、食肉などであり、「禊」の対象となります。「罪」は、神や社会集団の規範を犯し、社会に混乱を持ち込む行為であり、祓《はらえ》の儀礼を行わねば禍いを引き起こすものです。「災」は天変地異、鳥獣昆虫の禍いや荒ぶる神などの発現を指します。これらの不浄を摘示し、それが伝播して危険をもたらすというようなことがないように忌避させるためのイミ（忌み）の観念は、古代から存在していました。このイミの観念は、中国から入ってきた陰陽五行説と結びつき、日本独特の陰陽道を生み出しつつ、平安時代に高度に発展したのです。特に『延喜式』（九六七より施行）の頃になると、王権の祭祀に関わるものだけでなく、天皇以下すべての貴族が政治の場から日常生活に及ぶまで物忌みを行わねばならなくなり、ケガレ忌避観念が一層強くなってきました。

なぜ、平安時代のこの時期にケガレ忌避観念が強まってきたのでしょうか。神仏習合が進み、大日如来を絶対のものとし王権を相対化する密教が浸透してくると、王権の権威の根拠は希薄になります。王権は高天原から降臨した神々の末裔によって担われているがゆえに正統性を得ており、天皇がアマテラスの裔《すえ》であることが絶えず想起されることが必要なのです。大仏造立の詔の中でみずからを「三宝（仏・法・僧）の奴《やっこ》」と宣言された聖武天皇に対してすら、臣下の石上乙麻呂は「現御神《あきつみかみ》として天下を統治する」方と称し、この天下統治の業《わざ》を、高天原からの降臨以来の「天つ日嗣《ひつぎ》の業」と、古来の神話を援用して宣命していいます。天皇が仏に仕えるにしても、天皇が臣下や人民を統治する究極的根拠は神話世界に基づいているのです。それゆえ、イザナギが黄泉の国で遭遇したイザナミの死のケガレを禊《みそ》いでアマテラスが誕生したこと、また、アマテラスが弟のスサノオのケガレを排除して高天原を清浄に保っていたということに倣い、またそのことを常に想起させるべく、王権空間や王権祭祀から絶えずケガレを排除して、高天原の神話世界の清浄さを王権空間に実際に現前させて維持する必要があったのです。

ケガレ忌避観念が極楽浄土を求める

このようにケガレ忌避観念が高まった頃に、隆盛してきたのが阿弥陀仏の極楽浄土信仰です。大乗仏教に登場する仏は、それぞれの仏国土すなわち浄土を持っています。浄土へ往生を願うことを信仰の中核とする浄土信仰は西インドで発生しましたが、阿閦仏《あしゆくぶつ》浄土信仰、薬師浄瑠璃浄土信仰、観音補陀落《ふだらく》浄土信仰、弥勒浄土信仰など多様な浄土信仰の中で、日本で発展して広く定着したのは阿弥陀西方極楽浄土信仰でした。大乗仏教の伝来とほぼ同時期の六世紀後半から七世紀に、浄土三部経を中心とした阿弥陀仏の極楽浄土信仰は日本へ入ってきました。阿弥陀仏信仰は、われわれ凡夫は罪業が深いゆえにとてもこの世では自力で悟ることもできず、永遠に迷いの輪廻を繰り返さざるをえない、という自覚から始まります。阿弥陀如来はそのような凡夫を救うために、自分を信ずる者に、自分の修行の功徳を回向することによって、命が終わった後に自分の浄土に生まれさせる力を持っています。凡夫は阿弥陀如来の極楽浄土に往生し、そこで存分に行を修めて悟りを開くことになります。自分の罪業の深さの自覚に基づき、自力によって悟ることを捨て、阿弥陀如来の他力回向を信ずることによって極楽浄土へ往生し、そこで悟りを得る、ということが浄土教の基本的な枠組みです。

ただ、律令時代の浄土教は、もっぱら死後の浄穢《じょうえ》に中心的な関心を持って受容されていました。人間は死ねば黄泉の国というケガレの国に行かねばならないが、阿弥陀如来にすがれば極楽浄土という清らかな場所へ行ける、という考え方が浄土教受容の背景にありました。浄土は美しく清らかで楽に満ちているし浄土往生を憧憬することは間違いではありませんが、日本人にとっては死後の世界である黄泉の国は、神々ですら穢れてしまう場所であるので、ことさら死後の浄穢という意識で浄土を捉えたのでした。人の死というケガレは、この世では決してなくなりません。それゆえ、ケガレはそのつど祓うことができても、完全に払拭することはできません。人間が、黄泉の国への通路である死を免れない限り、この世は常にケガレと繋がっており、どこまで行ってもこの世は厭離《おんり》すべき穢土《えど》です。この点、極楽浄土に往生すると、もともと浄土は清らかで美しいところであることはもちろん、寿命に限りがなく、最大のケガレである死穢を免れることができます。浄土は、本来は、障りなく悟りを開き成仏するため場所なのですが、日本人にとっては、まずは、ことさら死穢を完全に免れる場所ということで欣求《ごんぐ》されたのです。

この観念の普及に貢献したのが、源信（九四二〜一〇一七）の『往生要集』です。日本の浄土信仰は空也（九〇三〜九七二）を経て源信に至り全面的に開花したといわれています。源信は、九五〇年に出家して比叡山に入りました。延暦寺でも、円仁以来、浄土教の教学的理解が進みましたが、理論的側面が強すぎて、浄土を求める人々の心を直観的には摑んでいませんでした。このような状況において、源信は寛和元年（九八五）に「浄土三部経の精髄を当時の人びとの「浄穢」と罪の意識のあり方に即して伝え直すべく[41]」、『往生要集』を著しました。本来仏道は、天・人・地獄・餓鬼・畜生・修羅といった六道「輪廻」という迷いの世界全体から解脱することを目指します。しかし、源信は六道のうちの一つである「地獄」をことさらに強調して極楽浄土と対比しました。『往生要集』の第一章にあたる「厭離穢土」において六道の描写がなされますが、地獄の描写が全体の六割以上に及んでいます。また、『往生要集』の冒頭では、極楽往生の教行を説くべく、「念仏の一の

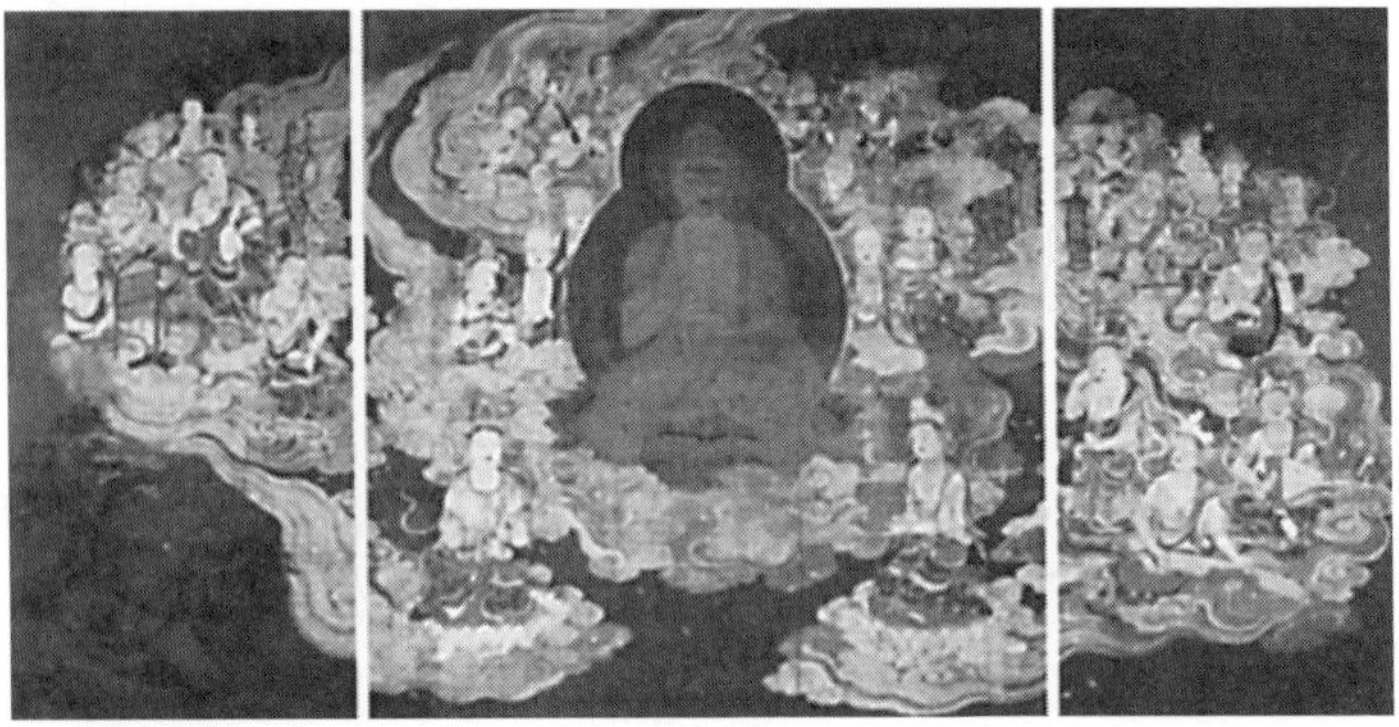

弥陀聖衆来迎図（高野山八幡講十八箇院）伝源信真筆

門によりて、いささか経論の要文を集む」とされ、確かに、浄土を論ずる場合は経論の文章が引用されています。しかし、地獄の描写については、『正法念処経』など依拠した経典を挙げてはいますが、経論の文章をいちいち引用してはいません。つまり、「かれ自身がこなして書いている(42)」のです。

そういった源信の地獄の描写は、とりたてて「穢」「罪」「災」といった不浄を凝縮した世界の描写になっています。そもそも地獄へ堕ちるのは重い「罪」のある人であるうえ、地獄は、常態として、獄卒たちに責められた罪人の血肉が飛び散り、生理的な意味でも「穢」にまみれています。また、業火が燃え盛っており、恐ろしい鳥獣たちに襲われたり、肉をついばまれたりする、いわば「災」に充ち満ちたところでもあります。源信の描く地獄を、当時の人々は、現世でのケガレとしていたものをすべて集め、究極まで凝集させた世界としてイメージしたのではないでしょうか。そこでは祓いも禊も効果がありません。人として生きる以上は、死という穢れを免れないことに加えて、地獄に堕ちる可能性も常にあります。神仏の世界観を重畳させて思惟していた当時の大多数の日本人において、地獄を強調することによって神道的なケガレ忌避観念を仏教的な厭離穢土観念に翻訳し、さらには欣求浄土へと媒介するという源信の戦略は、感性的に浄土教を民衆に受容させるには極めて有効であったと思われます。もとより、『往生要集』の本義は、第一厭離穢土における地獄の描写というよりは、第四正修門に説かれている礼拝《らいはい》、讃歎《さんだん》、作願《さがん》、観察《かんざつ》、廻向《えこう》の五念門行の実践であり、とりわけ如来の相を行者が観察する観想行であったと考えられています(43)。しかしながら、阿弥陀仏や浄土の観想のための浄土変相図とともに、地獄の光景を描いた地獄変や地獄草紙が、『往生要集』以降に流行していくのです。

浄土でも響くケガレなき雅楽

さて、このような思想状況の中から、平安時代に、日本で成立した雅楽こそが浄土で奏でられている音楽である、というコンセプトが成立してきます。もっとも、日本の平安時代に成立した雅楽が、スムーズに浄土の音楽として認知されるには、いくつかの論理的な障害がありえます。確かに、浄土経典には、極楽浄土には常になんらかの音楽や音が響いており、それが阿弥陀如来の説法である、との記述が多くあります。しかし、当然のことながら、文献学的に見て『無量寿経』のサンスクリット原本あるいはその漢訳本の訳者は、この音楽が後の時代に日本で成立することになる雅楽の音楽であると、予め想定していたわけではありません。しかしながら、後にも見るように、管絃講などのように雅楽音楽で成仏できるという思想が日本で成立してくるのです。この思想は、日本の雅楽がまさに浄土で実際に流れている音楽である、という確信を前提としています。それにしても、経典が想定していないにもかかわらず、管絃講を催す者において、浄土往生という一大事を雅楽に託することができるまでの確信はなぜ成立しえたのでしょうか。以下に考えうる契機を挙げてみましょう。

まず、奈良時代に成立した智光曼荼羅《ちこうまんだら》や当麻《たいま》曼荼羅《まんだら》の影響が考えられます。それらの曼荼羅図には、音声歌舞の菩薩たちが阿弥陀如来の前で舞楽を奏している情景が描かれています。智光曼荼羅は僧智光の霊感によって、また、当麻曼荼羅は中将姫が長谷観音のお告げを得たことにより、これらの浄土変相図が作成されたといわれています。当麻曼荼羅では使用楽器は不明ですが、智光曼荼羅では琵琶・篳篥などの楽器が演奏されており、当時の日本の大寺院の法会で演奏されていた外来音楽の楽器が浄土でも響いている、とのコンセプトが呈示されています。これらの浄土変相図は、霊感や観音のお告げであることから、描かれている外来音楽の後継音楽である雅楽が、そのまま浄土の音楽であると受容されていったと考えられます。

また、敦煌莫高窟《とんこうばっこうくつ》の各種の浄土変相図壁画においても、菩薩たちが、横笛、篳篥、笙、琵琶など、のちに日本の主要な雅楽楽器となるものを演奏しているさまが描かれています。中国の中原でも浄土変相図にはおよそこのような楽器が描かれていたであろうし、そのうちのいくつかは日本へ将来されたことでしょう。当麻曼荼羅や智光曼荼羅も、実際には、そういった将来された変相図を参考にしたとも考えられます。仏教の先進国であった中国でイメージされた仏国土での音楽・楽器が、日本の雅楽と共通点のある音楽であったことも、雅楽音楽を仏国土の音楽と同一視する要因となったのではないでしょうか。また、中国でそのような楽器が書かれた変相図を見て帰国した知識人も、日本で描かれた変相図の楽器について疑義を唱えることはなかったでしょう。

そもそも、日本に入ってきた雅楽の前身の外来音楽は、中国宮廷の世俗的な宴饗の音楽でしたが、それらが内包する文化の高さや先進性に由来する貴重さから輝き出る聖性を持っていたため、外来の宗教である仏教と結びつけられていました。しかし、前述のように、仏教が日本古来の神道的な観念と融合した形で根づいてくると、仏教的儀式における音楽も、日本人の宗教的感性に適合した音楽へと脱皮するべき必要性が生じていたはずです。平安時代の楽制改革は、ケガレがそのつど排除される研ぎ澄まされた宗教的空間とでもいうべき宮廷内でなされたのであり、ここで成立した日本の雅楽にも、それまでの外来音楽にはなかった、この日本人独特の宗教的・美的感性が注ぎ込まれたことでしょう。つまり、雅楽音楽や演奏様式自体が、宗教的儀礼や宮廷において、日本人の宗教音楽的美意識に照らして、ケガレを含むことのないものへと、さらにはケガレを排する宗教的な呪力を持つべく形成されていったはずです。

雅楽の音そのものが呪力を持つと考えられていた例を挙げてみましょう。笛と打楽器のみで奏する「乱声《らんじょう》」という楽曲のジャンルがあります。「乱声」自体は無拍節で奏しますが、ある程度整った楽曲ではありません。しかし、笛の奏者をいくつかのパートに分けて、同じ曲を少しの間隔をあけて追い吹きしていきますので、さながら喧噪のような感じになります。旋律が和声的に調和しませんので、まるで多くの人間が混沌の中で歓声をあげているような感じになり、西洋音楽に親しんだ方には雑音としか聞こえないかもしれません。しかし、鎌倉時代の楽書『教訓抄』では、この乱声は「仏神事」においては「事を整えるために」奏されたのであり、「神祇や先霊を祭」り、「神霊を驚」かせて「天地を撥」するというタマフリ的な呪術的機能を持っているものと認識されています。乱声は、神仏の儀式において、また、天皇の行幸の出御や入御、さらには相撲節会など儀式の関係者の入場の際に奏されています。乱声は儀式の「次第を整え進行を速やかにするとともに、その場を祓い清め(44)」、さらには神祇のタマフリをして場を神聖化する呪的な役割を持っていたのです。

このような宗教音楽的美意識は、もともとはケガレを忌避した古来の神道的感性に通じるものですが、神仏習合が進んだことによってすでにこの感性に接し、それを吸収していた日本仏教の儀礼の場においても、かなりの程度の親和性を示したことでしょう。それゆえ、仏教的法会空間に雅楽を用いる場合、その音楽は、ケガレを含むことのないもの、ケガレを排する呪力を持つものとして用いられ、穢土を清めて浄土を現出させる感情を惹起する呪力を備えていると考えられたことでしょう。

いかに仏教法会という場で演奏されていようと、日本の雅楽成立以前の世俗的宴饗音楽に由来を持つ外来音楽を演奏することによってでは、日本人は、平安時代後期に流行した管絃講のようにその音楽が含み持つ力によって往生浄土を強く信ずるところにまでは至らなかったでしょう。仏への供養「物」として、あるいは浄土の聖衆が奏する音楽の視覚的なイメージに適用されることはあったとしても、外来音楽そのままでは、日本人の宗教的感性の琴線に触れて信仰の軸となるほどの、宗教的な力はなかったと私は考えます。平安時代に成立した雅楽によって初めて、日本人は自分たちにとっての「聖なるもの」を現出せしめる力を持った音楽と出遭えたのではないでしょうか。

また、管絃が天皇をはじめ殿上人の教養となっていったことも、雅楽を浄土の音楽と認知する要因の一つになったのではないでしょうか。そもそも本来は、雅楽寮の官人以外の、宮廷を構成する高位貴族は、公的な音楽伝承に直接には携わっていませんでした。しかし、すでに見たように、平安時代に日本の雅楽が成立して内裏に楽所が置かれるようになると、楽家とともに天皇や堂上《どうしょう》公家も、公的な雅楽伝承の一端を担うようになりました。そもそも、浄土経典で描写される情景は、経典成立時のインドの王侯貴族の邸宅での暮らしぶりを範としているといわれていますが、日本において浄土教が受容されていく際に、雲上人であった彼らが雅楽を演奏するさまは、浄土の聖衆《しょうじゅ》の奏楽のさまと重なり、彼らが演奏する雅楽が具体的に浄土の音楽であるとイメージすることを強化したはずです。

平安の楽制改革は、単に楽器、演奏様式の統合整理ではなく、日本人の宗教音楽的美意識に適合する、日本的な「聖なるもの」の宗教的情動を惹起《じゃっき》せしめる力を持つ音楽への改革でもあったはずです。むしろ、この宗教音楽的美意識が、楽制改革を導くものであり、この時に成立した「雅楽」は、初めて日本人の根源的な宗教的感性に応えうる式楽となりえたのだと考えられます。その後、式楽としての「雅楽」がそのスタイルをほとんど変化させずに伝承されてきたこともうなずけます。日本的な「聖なるもの」の音楽としての表現形態として完成したのですから、むしろ変化しない方が自然です。こうして、平安時代に成立した雅楽は、神仏を習合せしめた宗教音楽的美意識に基づいて、神の祀りにおいても、仏の法会においても、通用せしめられる音楽となり、日本的な「聖なるもの」を現出せしめうる式楽として確立していったと思われます。

ここで雅楽のコスモロジーは一応の到達点に達しますが、その展開態が、平安後期に現れてきた音楽成仏思想です。この思想は、多くの「往生伝」に現れる、往生の際に、あるいは阿弥陀如来の来迎《らいごう》の際に、雅楽が聞こえたという記述から読み取れるものであり、「順次往生講式」という法会形態へと極まっていきます。

八、往生伝と往生講式——音楽成仏思想

極楽往生の際に聞こえる雅楽

「往生伝」とは、阿弥陀如来を教主とする西方極楽浄土に往生したといわれる人々の行業を集めたもので、まず中国で唐代の浄土教の流行に伴って作成され始めました。日本でも、浄土思想の浸透《しんとう》を背景として、中国の往生伝の影響を受けて多数作成され、なかでも永観二年（九八四）の慶滋保胤《よししげやすたね》の『日本往生極楽記』が有名です。日本で作成された往生伝には、往生時において天空から音楽が聞こえてきたとの記事が多くあります。当時の浄土教思想においては、念仏行者の往生時には、阿弥陀如来が菩薩たちを引き連れて来迎し、行者を浄土へと引接《いんじょう》していくことになっています。浄土は阿弥陀如来と不可分ですので、阿弥陀如来が来迎するということは、いわば浄土の一部が現世の臨終の念仏行者のところ

まで一時的に延伸《えんしん》してきていることになります。それゆえ、浄土で奏でられている音は「微細《びさい》」で「漸近《ぜんきん》」であろうが、「空中」から聞こえてくることになります。臨終時に音が聞こえてくるということは、来迎の証であり、まさに往生が約束されたことになるのです。

さらに、この往生の際に聞こえる音楽は、日本の往生伝においては日本の雅楽として観念されていたようです。『日本往生極楽記』には、「音楽」が聞こえるとの記述があります。それが具体的にはどのようなものかは記載されていませんが、当時の「音楽」とは一般には雅楽のことを指します。さらに、この書の跡を受けて編まれた大江正房の『続本朝往生伝』（一一〇一～一一一一）では、往生時の音は「笙歌」や「笙琴」の音であり、「管絃」との表現があり、もっぱら平安時代に成立していた「雅楽」が想起されていたことが窺えます。他方で、藤原宗友の『本朝新修往生伝』（一一五一）では、笛・簫・琵琶・箜篌《くご》などの楽器の音が往生時の音として挙げられており、仏教美術で菩薩が演奏している楽器が象徴的に記載される場合もあります。その他、当時の大寺院で催されていた舞楽法会の様子を範にとって記載されているものもあります。いずれにせよ、当時実際にこの世で演奏されている雅楽は浄土の音楽でもある、というコンセプトが成立していたと考えても問題はないと思われます。

また、日本人は、神話において、神々もまた琴や笛などの人間が用いるものと同じ楽器を奏でるという観念を自然に受け入れています(45)。宮廷で、神々の末裔たちである天皇や貴族たちが奏でる雅楽は、聖なる音楽であるから、天上界でも同じ雅楽が奏でられることについての違和感はなかったことでしょう。神々やその末裔である殿上人の世界の音楽を、神仏の習合状態を媒介にして仏教へ翻転すれば、浄土の音楽もこの世で奏でられている雅楽である、といっても、特に疑念を生ぜしめることはなかったことと思われます。

雅楽は極楽往生の因となるか

このことを前提にすると、たとえ人間がこの世で奏でる雅楽であっても、その奏楽によって、同じその音楽が鳴っている世界である極楽浄土をその場に現出させ、また、その音楽を通路として往生することができる、という考え方が、類感《るいかん》呪術的な思考から生まれてきます。こうして、伶人を招いて管絃を演奏しつつ仏徳を讃歎する小規模な法会である往生講が、十世紀後半から十二世紀にかけて流行することになります。この往生講の中心になる声明が「往生講式」です。

講式とは、漢文訓読調の和文を、従来の声明を簡素化した旋律形でもって読み上げる、日本で発生した声明形式の一つ、あるいはその声明形式を中心とした法要形態を指します。

講式は、声明としての音楽的な美しさよりは、語られる内容に耳を傾けさせ、聴聞者の教化に役立てられたものです。源信が作成した、六道輪廻の世界を説き極楽往生を期する「二十五三昧式《にじゆうござんまいしき》」が講式の嚆矢とされています。源信らは、自分も含む二十五名の僧侶によって血盟的に結成された念仏結社「二十五三昧会《にじゆうござんまいえ》」のために、この講式を作成しました。二十五三昧会は、毎月十五日に集って念仏会を勤め、メンバーが臨終の際には、阿弥陀如来の来迎を期すべく、最期まで念仏が唱えられるように相互に扶助する厳格な規律も設けられていました。「二十五三昧式」はこのような閉鎖的な集団で執行されていましたのでその原型は不明です。しかし、この講式を大幅に簡略化した「六道講式」が作成され、民衆教化に有効であることが認められて盛行され、鎌倉時代には様々な講式が生まれてきます。極楽往生を願うもののほか、仏尊の功徳を讃嘆する内容を持つ構式が多く作成されました。貞慶の「春日権現講式」のように春日神を讃嘆する講式などもあります。また、その後、講式は、仏教の世界から派出して、日本における芸能的「語り物」(浄瑠璃、謡曲、節段説教、落語、講談等)の源流ともなっています。

さて、源信を受け継ぎ、『往生拾因』を著して天台浄土教を発展させたのが、禅林寺の永観(一〇三三~一一一一)です。永観も「往生講式」を編み、毎月十五日に極楽往生を期する法要を勤めました。永観の「往生講式」に倣って、種々の「往生講式」が作成され、そこへ雅楽を挿入する形態も成立してきます。『拾遺往生伝』（三善為康著　十二世紀初頭）の大法師頼暹《らいせん》伝によれば、彼は、管絃を好み、臨終来迎を願う歌詞のついた楽曲をも作成し、毎月十五日に伶人五、六人を招き雅楽演奏も交えた講式を演ずる集まりを持っていたようで、これは「往生講」と呼ばれていました。もっとも、彼の場合は、多年にわたり往生講を催していたにもかかわらず、残念ながら臨終時に来迎の徴がまったく現れず、「往生の願い、本意に相違する」と涙を流したとのことでした。

講式の勤修においては、必ずしも雅楽は必要ではないはずですが、平安時代末期から、このような講式に管絃を交えた往生講が盛行されます。また、往生講への導入時は、雅楽音楽は来迎の雰囲気を醸成させる手段であったのでしょうけど、ついには、雅楽や催馬楽《さいばら》を演奏することそのものが中心となる講式が現れてきます。その代表的なものが、永久二年（一一一四）に作成された真源の「順次往生講式」です。この講式に込められた、真源を代表者とする当時の浄土音楽思想を見てみましょう。

「順次往生講式」次第(46)

・荘厳道場　・惣礼頌　・諸衆集会　・導師座　・唄、散華、梵音、錫杖

・読式文（述意門・正修門・回向門）

各門において式文が読まれた後に、そのつど雅楽や催馬楽がなされる。

◇それぞれの雅楽曲目

述意門：想仏恋《そうふれん》・往生急《おうじょうのきゅう》(47)

正修門：正修門の式文は九段に分かれており、それぞれの段が終わるごとに、管絃曲と催馬楽が一曲ずつペアになって奏される。そのペアは下記のとおり。二曲目が催馬楽。

一、萬歳楽・青柳《あおやぎ》　二、陪臚・伊勢海《いせのうみ》　三、太平楽破・浅水《あさむず》

四、三臺塩破・何為《いかにせむ》　五、裹頭楽《かとうらく》・庭生《にわにおうる》　六、甘州・走井《はしりい》

七、郎君子・更衣《ころもがえ》　八、廻忽《かいこつ》・飛鳥井《あすかい》　九、五聖楽破・道口《みちのくち》

回向門：蘇合香急《そこうのきゅう》

ただし、いずれの催馬楽も「音に准ず」とあり、元来の催馬楽の音曲のみを採用して、歌詞は西方浄土を讃えるものに作り替えられている。

真源は述意門において、順次往生講式の本質について次のように述べています。

当時には律呂、音を調えて、しばらく散心を一境に静め、来世には絲竹、曲を翫《め》でて、遍く供養を十方に施さん。声、仏事を為す。簫、笛、箜篌、自から法音方便に順ず。楽はすなわち法界なり。管絃歌舞は、何ぞ中道一実を隔てんや。

「律呂」とは雅楽の二つの音階のことで、律と呂のそれぞれの音階を正しくとることによって調和された音が得られます。仏教の行法では、観想の前にまず定心（落ち着き集中した心）が必要とされますが、まさに律呂の整った雅楽の音楽は、散漫な心を集中して仏道の行法を推進させる、との考えが示されています。ここには、古代中国の「雅楽」概念のように、雅正の音楽は、演奏者やそれを聞いている者の心を整えてより高い次元へと導くことができる、という考え方が見えます。真源にとっては、現世において雅楽はまずもって人間を仏教的に高めるための音楽ということなのです。

次に、真源は、雅楽（絲竹）は来世においては十方諸仏の供養のための音楽となる、と言います。ここでいう来世とは、往生後の極楽浄土のことを指しています。浄土では諸天や諸菩薩が楽器を奏でていますが、そこでの音楽は仏の供養のためでもあると同時に、悟りへと導く仏法が籠められた「法音」、すなわち阿弥陀如来の説法であるといわれます。その前提には、音楽の中に仏法を凝集させることができ、その音楽を聴くことによって悟ることができる、という思想がなければなりません。そして、浄土に往生した者は、仏法が籠められた「法音」を聴くことによって悟るのです。この事態が「声、仏事を為す」(48)という言説に示唆されています。また、浄土と阿弥陀如来は一体であるので、浄土で響く音は、一見如来の供養のためのものと思われる音楽でも、結局は阿弥陀如来の法音となります。「簫、笛、箜篌」といった雅楽の楽器が奏でる音は、まさに悟りのための方便としての法音であり、地上で奏される雅楽の管絃歌舞は、法界の管絃歌舞が影向《ようごう》したものとなります。ここでは、雅楽は、浄土の音楽と形態的に同じであるばかりか、人々を悟りに導く力という、浄土の音楽自体が持つ法音としての力も同じように含むと考えられています。それゆえ、現世においてもそのまま「散心」を静める力をも持っていると考えられているのです。

雅楽がそのまま浄土の音楽である、とする真源の思想は、続く次のような言葉によっても明らかになります。

況や、安養界の風は宝葉を動かし、宮商相和して、法性真如に於いて調い、波打金渠の声音の妙韻、四諦縁生を唱う。管絃雲上に満ち、微妙の声常に聞こえ、伎楽は国中に遍き、歌詠の曲絶えること無し。則ち、すべからくこの界の雅楽に准じて、西方の快楽を慕《ねが》うものなり。

ここでは『無量寿経』など浄土経典に描写されている浄土の音の光景（宝石の実を付けた宝樹の間を風が吹き鳴らす音、浄土の宝石がちりばめられた宝池のさざ波の音、天空での伎楽天の楽器を演奏する音など）が、仏教の根本教理である四諦八正《したいはっしょう》道《どう》や縁起の法などを表現した法音であり、それらが雅楽の用語である「宮商」「管絃」「伎楽」「歌詠」といった音で表現されています。

真源のように管絃をふんだんに使った講式を作成する者においては、当然のように雅楽が浄土の音楽と同一視されており、雅楽の音には真如が籠められていることも信じられています。それゆえ、雅楽は、さすがに穢土において人間をそのまま成仏させないまでも、散心を定心に転換させる法音としての力を発揮すると考えられていたのでしょう。また、真源は同じく術意門の式文で「すべからくこの界の雅楽に准じて、西方の快楽を慕《ねが》うものなり」と明確に述べています。

このような思想は、雅楽に一種の呪的な力を付与することになります。『金枝篇』を著したイギリスの人類学者のフレーザー（一八五四～一九四一）によれば、実現させたい状況に類似した状況を現出させると、その類似した状況が実現させたい状況をもひき起こす、という呪術的思考が人間にはあるとされます。例えば、雨を降らすための呪術的行為として、水を撒くなど、雨が降っている状況と類似の状況を作出して神に祈ると、本当に雨が降っている状況を呼び寄せることができる、という思考です。この思考は類感原則といわれますが、これに基づくならば、浄土を欣求する者は、現世においても、雅楽を演奏することによって浄土に類似した状況を現出させ、将来的にはそこへ浄土を引き寄せる、すなわち来迎を現出させようとする思考が働いていると考えることができるでしょう。それゆえ、往生講式などがなされる管絃講では、僧侶の声明に加えて雅楽もまた呪的なものとして演奏し、浄土と類似した場を現出させることによって、その法要に参勤しているものに、臨終時の来迎に対する確信を高めさせたのだと思われます。

催馬楽を歌っても極楽往生

ただ、往生講式において、なぜ催馬楽までもが用いられたのかということは検討しておかねばなりません。催馬楽は、平安貴族が数百年にもわたり古謡として愛唱していた歌謡です。平安時代には、雅楽楽器の伴奏で謡われるようになり、現代でも雅楽のジャンルの一つとなっています。現存の文献で『三代実録』の貞観元年（八五九）十月の尚侍《ないしのかみ》広井《ひろい》女王《じょおう》の薨去《こうきょ》の記事で、広井女王は歌が得意で「催馬楽歌」を能くしたことが告げられています。また、現存文献では、天禄元年（九七〇）の源為憲による児童教養書『口遊《くちずさみ》』で、百数十もの雅楽曲目を掲げた後に、「催馬楽」と明記し、律呂に分けた曲目が合わせて三十九曲挙げられています。歌詞が確認できるものとしては、当時六十曲ほどあったといわれています。鎌倉時代になると、催馬楽は王朝貴族文化の衰退と命運を共にし、ほぼ廃絶しましたが、江戸初期に六曲（更衣《ころもがえ》、伊《い》勢海《せのうみ》、安名尊《あなとう》、山城《やましろ》、蓆田《むしろだ》、美濃山《みのやま》）が復曲され、現代でも演奏されています。

平安時代末期に催馬楽という歌謡がどのように捉えられていたかについては、後白河院の『梁塵秘抄口伝集《りょうじんひしょう》』巻一に（治承年間、一一八〇年前後の作）に次のような記述が残されています。

いにしえより今にいたるまで、習ひ伝へたるうたあり。これを神楽、さいばら、風俗といふ。神楽は天照大神の天の岩戸を押し開かせたまひける代に始まり、催馬楽は、大蔵の省の国々のみつぎ物おさめける民の口ずさみにおこれり。これ、うちあることにはあらず、時のまつりごとよくもあしくもあることをなん、ほめそしりける。さいばらは、おほやけ、わたくしのうるはしき遊びの琴のね、琵琶の緒、笛のねにつけて、わが国の調べともなせり。みなこれ天地を動かし、荒ぶる神を和め、国を治め、民をめぐむ歌立てとす。風俗は、調楽のうちまゐり、賀茂詣などにこれを用ゐらる。又、臨時客にも古くはうたひけり。近くは絶えてうたはざるか。

木村紀子氏は、この記述に含意されている催馬楽の由来を次の三点に纏《まと》めておられます。

① 大蔵省に国々のみつぎ物を納めた民の口遊《くちずさみ》から起こったこと。
② 言葉の裏で時の政のよしあしをほめそしっていること。
③ 公私の遊宴の場で、管弦《ママ》に付けてメロディーが和風化されたこと(49)。

なぜ催馬楽と呼ばれるのかについては諸説あり、おそらく当時の貴族たちも明確にはわかっていなかったと考えられます。『梁塵秘抄』の上記の記述から、催馬楽は、馬の背に貢物を載せて都へ届けた者が歌っていた里謡を、貴族たちが雅楽の仕様に編曲したものともいわれますが、歌詞の内容には、単なる馬子唄であったとは考えられないものが多くあり、本居宣長はじめ多くの論者は、そのような単純なものではないとしています。木村紀子氏の説くように、催馬楽は、もともと「男女上下混合の熱気に充ちた大合唱の野外の歌祭り」であった「歌垣」と関連を持つものであり、男女の相聞を寓意した「奈良朝のサイハリ（添・榛）あるいはソイハラ（添・原）といった通称」で呼ばれた歌謡であったのでしょう。もっとも、歌垣に大陸風のリズムや曲調が混入して展開したと考えられている「踏歌」の影響もあり、神楽歌の「前張《さいばり》」とも関連を持つものと考えられます(50)。

問題は、そもそも神楽歌とは異なり世俗的な出自を持つと思われる催馬楽が、どのようにして、真源の「順次往生講式」において、浄土の歌謡とまで考えられうるに至ったのかということです。すでに挙げたように、「順次往生講式」には、青柳《あおやぎ》、伊勢海《いせのうみ》、浅水《あさむず》、何為《いかにせむ》、庭生《にわにおうる》、走井《はしりい》、更衣《ころもがえ》、飛鳥井《あすかい》、道口《みちのくち》といった九曲の催馬楽が組み込まれています。この九曲に仏教思想に関するものはありません。それどころか、走井、伊勢海、浅水、更衣、何為などは男女の相聞を寓意したものです。たとえば、伊勢海の歌詞は次のとおりです。

いせのうみの　きよきなぎさに　しほかひに
　なのりそやつまむ　かひやひろはむや　たまやひろはむや
（伊勢ノ海の、清い渚で、潮の間に間に、名告り藻を摘みませんか、貝も拾いませんか。玉も拾いませんか）

木村紀子氏によれば、古代、浜辺は、しばしば近在の若い男女が相寄り集い「燕喜《えんき》する地」(宴を催し交歓する地)でした。伊勢海では、そのような浜辺で、名乗る人も名乗らない人も、少女も若者もさあ摘みましょうよ、拾いましょうよ、と歌う。貝は女性、玉は男性を暗示しており、一見他愛のない歌詞に、浜辺での男女の性的な交歓を寓意した歌です。また、「更衣」をはじめ「浅水」の原曲には「シャキンダチヤ(ねえ、おにいさんよ)」という女性の気安い呼びかけ声が交えられています。催馬楽には、このようにある種の猥雑さや「口さがなさ」も含まれており、高雅なものと鄙《ひな》びたものが混在する不思議さがあります。ただし、現代に伝わっている歌唱法から考えると、神楽歌や声明のように、一つのシラブル(音節)をそのつど長く伸ばして抑揚を付けて謡うので、歌詞の意味内容を正確に伝えることを主目的としている歌謡という性格は持っていません。歌詞の意味内容より、歌唱音の動きにより一定の雰囲気を醸し出す効果が前面に出ますので、その点に神楽歌や声明といった純粋な宗教声楽と共通点がないわけではありません。また上記のように、「順次往生講式」においては、催馬楽は「音に准ずる」のみで浄土を讃える歌詞に変えて謡うことがなされました。例えば上記の「伊勢海」には、順次往生講式では次のような歌詞が用いられています。

るりの地の　こだちめでたや　たからのいけの
　　こがねの波まことに　たまやひろはむ　たまやひろはむ
（瑠璃などの宝石の実がなっている極楽浄土の宝樹はなんとめでたいことよ　金沙が敷かれた宝の池の波もまことにすばらしい。往生してその池のほとりで宝珠のたまを拾いたいものよ、拾いたいものよ）

しかしながら、催馬楽は元来俗的な含意のある歌謡です。そもそも歌詞を変えねばならないということ自体が、なによりも元の催馬楽そのままでは、宗教的な場にはそぐわないことを明らかにしています。また、歌詞を変えたとしても、催馬楽の旋律そのものが元来の歌詞を想起せしめ、俗的なイメージを払拭しきれないので、一命を賭した浄土信仰の場に相応しいかどうか疑問です。歌詞を変えてまで無理やり信仰の場に催馬楽を挿入する積極的理由がなかなか見出し難いのです。また、講式で催馬楽を演奏するのは浄土願生者ですが、音楽によって浄土を顕現させようという意図がある以上、催馬楽は浄土の聖衆のなす歌謡であるという信仰的確信があったはずです。どのような経緯があって、このような信仰的確信が形成されえたのでしょうか。

まず、催馬楽はケガレを排した平安貴族社会で神楽歌とともに「いにしへより今にいたるまで、習ひ伝へたるうた」であり、現世において最もケガレを滅滅した貴族階層において楽しまれている「うた」です。したがって、そもそも神聖な場所で高貴な存在によって歌い継がれてきた「うた」ですから、催馬楽自体が歌詞の俗性を凌駕する聖性を帯びているものと考えられていたのでしょう。実際、上記の後白河院の記述によれば、神楽と催馬楽は「みなこれ天地を動かし、荒ぶる神を和め、国を治め、民をめぐむ歌立てとす」とのことであり、催馬楽の音もなんらかの人間を超えた呪力を持つものと考えられていたようです。それゆえ、浄土の音楽のモデルが雅楽であるとするならば、浄土の聖衆が歌っている「うた」のモデルを現世において求めた場合、それは神楽歌か催馬楽になるでしょう。

神楽歌は、元来、日本古来の神々に捧げられるものであり、後述するように、すでに内侍所御神楽儀《ないしところみかぐらのぎ》が成立しており神道における秘儀的要素があったので、浄土を欣求する仏事には少々用い難いと思われます。それゆえ、往生講式には聖性を帯びている催馬楽が用いられていったのではないでしょうか。催馬楽の伴奏にも、浄土の音楽である雅楽が用いられていますので、平安貴族たちの催馬楽を演奏する姿が、まさに聖衆が浄土で歌っているさまになぞらえられたのでしょう。往生講式は臨終来迎を呼び寄せる呪的な儀式として作成されたのですが、歌詞を変更することによって、催馬楽は、その場に相応しい、霊威を持った浄土の「うた」と考えられていたのでしょう。

悟りの立場からはどんな音楽でも成仏可能

では、歌詞が元来は仏教的なものと関係のないことは、浄土の歌謡として採り入れることの障碍《しょうがい》とならなかったのでしょうか。後白河院は、同じ『梁塵秘抄口伝集』巻十で、「今はよろづを投げ捨てて往生極楽を望まんと思ふ。たとひ又今様を歌ふとも、などか蓮台の迎へにあづからざらむ」と言っています。『梁塵秘抄』は本来、今様を収集編纂したものです。今様は、神楽や催馬楽などの雅楽の歌物から派生した声楽曲で、当時の新しい音楽、流行《はや》り歌です。今様には、仏教経典に関連するものもありますが、恋愛に関するものが多く、今様の担い手の中には遊女や白拍子などもいました。しかし、後白河院は、今様を歌うことによっても極楽往生を願うことができると考えていたのです。この点について、南谷美保氏は次のようにコメントしておられます。

いうまでもなく後白河法皇といえば、仏教音楽としての声明の研鑽においても知られ、今様への愛好も、あくまで、今様というものを、この仏教声楽曲である声明の延長上にあるものとしてとらえたところにあったといえよう。たとえ今様であったとしても、信仰心を伴って演奏されることで、声明に同じく経文を唱えることに等しいものになるというのである。このことについて後白河法皇は、同じく『梁塵秘抄口伝集』巻十に多くの霊験談を記し、これらをまとめて、これらの霊験を顕した原因について、「また殊に信を致して謡える信力の故か」と述べている。(51)

南谷氏の言われるように、後白河法皇は、確かに、今様を声明の延長上にあるものとしてとらえていたのですが、そうであるならば、歌詞がどのようなものであれ、催馬楽もまた、より仏事に近いもの、つまり声明に準ずるものと考えられていたはずです。『梁塵秘抄口伝鈔』巻十の中にも、熊野参詣から帰京した後、賀茂社へ参詣した際の記述に、

次第の事みかぐら果てて、其後法花経一部、千手経一巻を転読し奉り、終りて後に成《なり》親卿《ちか》平《ひようじよう》調に笛をならす。さいばらを資賢《すけかた》卿いだす。青柳、更衣、いかにせんなり。其後われ今様をいだす。

（奉幣のことや神楽の演奏が終わった後で、法花経（法華経）を一部、千手経の一巻を転読して奉納し、それも終わった後に、藤原成親卿が平調で笛を吹き鳴らした。これをきっかけにして、源資賢卿が催馬楽を歌い出す。「青柳」や「更衣」「何為」などの

曲である。その後に、私（後白河院）が今様を歌いはじめる）

とあり、神楽、読経、催馬楽、今様が、一連の宗教的行事として遂行されています。

神社参詣において仏教経典やその読経を神前奉納するという神仏習合的な儀礼に引き続き、催馬楽が宗教的歌謡として用いられているわけです。ここに挙がる催馬楽の曲目は、「順次往生講式」にも採用されているものばかりであり、仏教的な歌詞で謡われた可能性も排除しきれませんが、僧侶ではない資賢卿はいつも宮廷で歌われている原曲のままで奉納したのではないでしょうか。そして、今様もまた、神楽歌や催馬楽から派生したものとして、宗教的な場においても違和感のない歌謡であり、なんらかの霊威を持つものとされたのだと思われます。

確かに当時、文芸という「狂言綺語《きご》」を弄《ろう》して男女のやり取りを描いた紫式部が地獄行とされていたように、仏教的真理以外の言葉を弄するものは妄語《もうご》戒《かい》を破った者とみなされていました。しかし、仏教教理の内にも、元来は仏教的なテクストを含まない芸能でも、仏教的な場で用いることを許容しうる余地があったようです。天台仏教の思想には、存在には実体がない（空）と悟った立場（真諦）は、否定されるべき現象世界（仮）の存在（俗諦）を、それは真諦が投影された俗諦（中）であると了知することによって、弁証法的・

肯定的に包摂しうる、という考え方（三諦円融）があります。具体的にいえば、第一義諦（真諦＝仏教的真理）から出た言葉は、仮に俗諦の形をとっていても、それは第一義諦に導き、そこへ帰着させることができる、ということになります。『梁塵秘抄』の「狂言綺語の過ちは　仏を讃《ほ》むる法として　麁《あら》き言葉も如何《いか》なるも　第一義とかにぞ帰らるる」というテクストからも読み取れるように、狂言綺語や粗雑な言葉であっても、仏を讃《ほ》むる法として謡われるならば、第一義諦に帰導することができる、との思想が寺社を含めた上流階層に受容されていたようです。これを催馬楽にあてはめると、仮に仏教と関連のない歌詞の催馬楽でも、真諦を悟った立場から、仏を崇敬するために詠《うた》うと、それは真諦に適うものとなりえます。

ただ、この教理を突き詰めていくと、往生講式において、催馬楽だけではなく、神楽歌も演奏してもよい、ということにはならないのでしょうか。確かに、上記の白河院の賀茂社参詣におけるように、神社においては、神楽と催馬楽のどちらもが演奏されることもあったようです。しかし、往生講式においては神楽が演奏されることはありませんでした。それは、平安後期に浄土信仰が強まることと並行して、純粋な神道領域を確保しようとする、いわゆる「神仏隔離」の動きも始まり、その結晶として、内侍所御神楽儀《ないしどころみかぐらのぎ》という純粋に神道的な領域を確保する儀式が、宮廷で恒例化されていたからではないかと思います。

そもそも、明治維新までの日本の宗教が、「神仏融合」ではなく、両者の関係性を理論づけるものを媒介として「神仏習合」として捉えられるのも、神道と仏教が習合しつつも、それぞれが侵すことのできない核を保ちつづけているからです。日本の宗教は、ユダヤ教とキリスト教を内部に取り込んで一つの宗教として統合したイスラームのようには、完全に一つの宗教体系にはなりませんでした。伊勢神道や吉田神道のように何度か神道優位の神道教学が成立したり、明治政府のもとで神仏分離をなしえたのは、神仏習合の趨勢の中において、神道に独自領域の自覚が常にあったからです[52]。そして、その自覚の始まりが平安時代の「神仏隔離」の動きであるといってよいでしょう。この神仏隔離の思想を儀礼的・象徴的に表現して、純粋な神道的エートスを凝縮させたものの一つが内侍所御神楽儀といえましょう。次章においては、この動きを見ていきましょう。

九、内侍所御神楽儀——神道的エートスの核

御神楽儀は宮中の秘儀

宮中で行われる神楽を「御神楽《みかぐら》」といいますが、現在、毎年十二月中旬の夜に皇居内の賢所《かしこどころ》で執行される「恒例御神楽儀」が最も重要な御神楽の行事となっています。このほかにも、現在では、四月三日の神武天皇祭、一月七日の昭和天皇祭、天皇即位の際の大嘗祭に、御神楽が行われています。天皇の親祭でこそありませんが、皇室祭祀の中でも重要な行事の一つであり、明治四十一年（一九〇八）の皇室祭祀令では公式の「小祭」に位置づけられていました。

元宮内庁式部職楽部楽師の東儀良夫氏によれば、御神楽に参列するのは「天皇と神」だけだそうです[53]。御神楽儀では、賢所の前庭に設けられた神楽舎で、夕方六時から夜半過ぎ

まで、庭火を灯して、十数曲からなる神楽歌が全曲歌われます。伴奏楽器には、神楽笛、篳篥、和琴が用いられます。神楽人は本歌《もとうた》を歌う「本方《もとかた》」と末歌《すえうた》を歌う「末方《すえかた》」に分かれ、対面し、本歌に応答して末歌を発声する、といった次第で歌われていきます。「本方」と「末方」の句頭を歌うものを、それぞれ「本拍子《もとびょうし》」「末拍子《すえびょうし》」といい、神楽人の長を「人長《にんちょう》」といいます。構成としては、本役（神迎え）、中役（神遊び）、後役（神送り）の三部からなり、まさに、神を迎えて神とともに饗宴を催すことによって、神威を強め、神を送り出す、といった神事の本質を体現したものとなっています。

明治撰定譜に制定された現在の次第は以下のとおりです。

◇本役（神迎え）

・神楽音取　・庭燎《にわび》　・久止段拍子《くじだん》（久止拍子《くじのひようし》と段拍子《だんのひようし》の二曲）　・阿知女作法《あぢめのさほう》

〈採物〉

・問籍音取《もんじやくのねとり》　・榊　・閑韓神《しずからかみ》　・早韓神《はやからかみ》（人長が輪榊を持って舞う）

◇中役（神遊び）

〈小前張《こさいばり》〉

・阿知女　・和琴音取　・薦枕《こもまくら》　・篠波《さざなみ》

〈雑歌〉

・千歳《せんざい》　・早歌

◇後役（神送り）

〈星〉・星音取《ほしのねとり》・吉々利々《ききりり》・得銭子《とくぜにこ》・木綿作《ゆうづくる》
・朝倉音取・朝倉　其駒三度拍子《そのこま》・其駒揚拍子《そのこまあげびょうし》（後半部分に人長の舞あり）

現代の宮内庁式部職楽部の楽師の多くにとっては、この御神楽儀が最も重要な儀式と感じられており、また彼らの信仰心の表現の場ともなっています。例えば、CD『日本古代歌謡の世界』（演奏：東京楽所）の解説冊子の中で、楽部の楽長経験者で芸術院会員でもあった多忠麿《おおのただまろ》氏は、御神楽儀を「神を神座に迎え、一夜を明かし、鎮魂招魂を行う儀式」であるとし、実際に神楽歌を神招《お》ぎのわざとみなしたうえで、例えば、早韓神についての「神を迎えられた喜びを唱う男性大合唱曲で、力強い拍節と、地の底から湧き上るような迫力は、古代日本人の神への感謝と、信仰の厚さがしのばれる」と述べておられます。また、其駒三度拍子について、「曲は神送りの場での神への感謝と、生きる喜びを歌に託し地を鳴らし闇に轟けとばかり力一杯に歌われる。その迫力は古代人の信仰の厚さと生命力の強さを表しているかのようで筆者も毎年その歓喜に酔っている」と言っておられます。御神楽儀は、現代においてもなお、神祇への純化された信仰の表現の場でもあり、また、古代人が感得した純粋なカミが現前する場でもあるのです。

内侍所御神楽の開始については、中本真人氏は、公卿であった藤原資房《ふじわらのすけふさ》の日記である

『春記』に基づき、寛弘の内裏焼亡の際に、内侍所に安置されていた神鏡が破損したことを端緒とされます。この時、内々に宿直の近衛官人に御神楽を、女官に舞踏を行わせたところ、その明朝の神鏡の奉遷の時に神光が照り輝くという奇瑞があったといいます。内裏の焼亡は寛弘二年（一〇〇五）十一月十五日のことであり、御神楽が行われたのは神鏡奉遷前日の十二月八日と考えられています。それ以降、一条朝において、毎年ではなく時折行われていましたが、後朱雀《ごすざく》天皇の長暦二年（一〇三八）から、天皇の命により毎年行われるようになりました(54)。

宮廷の神鏡には、伊勢神宮に安置されている神鏡から分霊された神霊が宿っており、破損した鏡にその神霊がまだ存するのかどうかを確かめるために、また、存するならばその霊威を増し神慮を慰めるために、御神楽が行われたと考えられます。奇瑞が起こったことによって、一条天皇による御神楽の催行はまさにその実をあげたわけですが、それは、以下に見るように、御神楽という芸能には、古代から、ことのほか神への訴求力があり、神霊のタマフリを行い神慮を喜ばせる力があると信じられてきたからです。

すでに見たように、もともと宮廷には、鎮魂祭の「神楽」がありました。『日本書紀』天武天皇十四年（六八五）の記述によれば、天武天皇が重篤な病になり、天皇の魂を身体の内に鎮めて遊離していかないように、天皇のための「招魂《みたまふり》」が行われました。それは、アメノウズメノミコトの末裔とされる猨女君氏《さるめのきみ》が神懸かりして宇気槽《うけふね》を踏みとどろかす儀式であったようで、その際に、歌舞などの神楽もあったと考えられています。また、養老二年（七一八）に完成した、『養老令』の中の職員・神祇両令に「大嘗《おおにえ》」と並んで「鎮魂」が特筆されており、このことから、鎮魂は、天武朝に限らず、その後もひきつづき行われていたことがわかります。ここでの「大嘗」は、毎年の収穫祭である「新嘗」のまつりと、天皇即位後の新嘗であり、のちに大嘗会と呼ばれるようになるまつりのどちらも含んでいますが、大嘗は毎年鎮魂がなされる下寅の日の翌日の下卯《げう》の日に始まるまつりでした。この大嘗前の鎮魂の折になされていたのが、『古語拾遺』に記述のある猨女君氏によるタマフリの神楽と考えられます。(55)

他方で、葬送の折の鎮魂の歌舞が「あそび」とも称されています。『古事記』上巻に、アメノワカヒコが高天原の神々の命《めい》を裏切ったことを咎《とが》められ、天から放たれた矢にあたって死んでしまうという神話があります。その父や妻子たちは、死霊の鎮魂ともいうべき殯《もがり》を営みますが、その際の歌舞飲食もまた「日八日日八夜《ひやかひや》を遊びき」と記されています。古代には、人が死ぬと喪の期間があって、その間に死霊を慰める歌舞飲食がなされていたようです。また、生きている人のために、成年式に神様を集《つど》わせてなす「あそび」もありました。古代人の歌舞としての「あそび」はタマフリにゆかりが深く、「神を背景とし神の資格において行われる歌舞を主にしたもの[56]」だったのです。ただ、このような奈良時代の神楽は、まだ固定化・形式化していない「鎮魂に密着する神あそび」ともいうべきものであり、また、呪術的色彩の強いものであったようです。

このようなタマフリによる振動の呪法と反閇《へんばい》は、やがて芸能的要素を加味するようになって、神事歌舞としての宮廷歌舞へと発展していきます。それが内侍所御神楽の前身ともいうべき清暑堂《せいしょどう》御神楽です。大嘗会の辰あるいは巳の日に、天皇が豊楽殿《ぶらくでん》で群臣に宴を賜うことが慣例になっていましたが、清和天皇の貞観元年（八五九）の大嘗会以後、豊楽殿の宴の夜に、豊楽殿の後房（控室）である清暑堂に天皇が御してあそびが行われることになりました。これが清暑堂御神楽です。豊楽殿での宴が儀式的なものとすれば、清暑堂御神楽は、解放的・無礼講的な歌謡の会であったのですが、それでも「琴歌神宴」「神歌」と表現されており、神を意識したものであったことは間違いありません。もっとも、一条天皇以前の清暑堂御神楽は、伝説以外にその内容を示す確実な資料がなく、採物・前張を含む組曲仕立てのものであったかどうかは明確ではありません。ただ、「榊」を含む「採物歌」だけは、一応原形的なものがすでに形成されていたようです。[57]

内侍所御神楽の構成に大きな影響を与えているのが二つの賀茂神社、すなわち上賀茂社と下鴨社で行われた賀茂臨時祭の還立《かえりだち》の御神楽です。賀茂臨時祭は、寛平《かんぴょう》元年（八八九）

十一月の宇多天皇の大嘗祭の後に、勅使を遣わして行われたのが最初で、「東遊《あずまあそび》」など様々な芸能が奉納され、その後、毎年十一月下酉の日または十二月上酉の日に執り行われるようになりました。賀茂臨時祭は室町時代末にいったん中絶しますが、文化十一年（一八一四）に再興されて、春の石清水臨時祭と隔年で施行されるようになります。この再興の際に、東遊も復興されました。祭使一行の派遣前に行われる宮中の儀において、さらには上賀茂社と下鴨社の社頭でも、東遊が奉納されるならわしになっていたからです。さらに慶応元年（一八六五）から賀茂臨時祭は毎年執行に改正されましたが、明治維新後の天皇の奠都《てんと》に伴い、明治三年（一八七一）には廃止されてしまいました。

この賀茂臨時祭の夜に、勅使が宮中に帰参した際に行われたのが還立《かえりだち》の御神楽です。土橋寛氏は、内侍所御神楽以前の賀茂臨時祭の記録をとどめる源高明の『西宮記』巻六の記載を挙げて、次のように結論しておられます。「内侍所御神楽とそれ以前の賀茂臨時祭の神楽との関係は、清暑堂神楽に比べてはるかに密接であることは、右の比較によって明らかである。人長の作法、才男《せいのお》を召すことをはじめ、「採物」「前張」「朝倉」「其駒」という内侍所御神楽の基本的な骨格は、すでに『西宮記』の賀茂臨時祭のそれに備わっているのであるから、内侍所御神楽がこれを原型として形作られたであろうことはほぼ明らかである」(58)。賀茂臨時祭の御神楽では、三部構成の最後の部分である星曲群の一部が欠けているだけで、すでに内侍所御神楽の骨格はほぼすべて構成されていました。

しかし、さらに、ここにもう一つのエレメントが加わります。貞観年間に選定された『儀式』では、「園幷韓神《そのならびにからかみ》」のまつり（「園韓神祭《そのからかみさい》」）も「神楽」といわれています。この「神楽」は、宮内省に置かれた園神社と韓神社二社において、十一月新嘗祭の前の丑の日（鎮魂のまつりの前日）と二月に行われる春日祭の後の丑の日になされていた祭儀でした。園神と韓神は、平安遷都以前から皇居に祭られており、皇室で祭られる神々の中でも最古のものの一つでした。『江家次第』によれば、平安遷都にあたり他の場所に遷すことになりかけましたが、「なお此の地に座して、帝王を護り奉らん」との神託があったことから、平安京の宮中に社を設けて遷座して鎮められた、とのことです。園韓神祭は応仁の乱以後は絶えてしまいましたので、園神と韓神の由来については不明になっています。韓神は元来韓の地からの帰化人である秦氏の祭る神であって、遷都以後は官祀となったなど、諸説ありますが、韓神は百済系の神、園神は新羅系の神で、我が国に渡来してきた外来の神であったようです。

いずれにせよ、園韓神祭の神楽が、内侍所御神楽と共有している楽曲は採物の一部だけなので、神楽次第としては内侍所御神楽に与えた影響は大きいとはいえませんが、「内侍所御神楽の「韓神」がこの祭りの対象である韓神であることは確かであり、その点がこの祭との関係が認められ[59]」ます。つまり、天皇の鎮魂、ミタマフリのために、わざわざ外来の神を招《お》ぎ、讃える神楽歌を取り入れたということになります。なぜ、韓神が天皇のミタマフリに必要なのでしょうか。『年中行事秘抄』における宮廷鎮魂歌では石上《いそのかみ》の太刀が歌われています。石上神宮の太刀として最も有名なものが、神功皇后五十二年（四世紀後半説が有力）に作刀され、百済王親子が倭王に贈ったという銘文を持つ七支刀であり、呪刀として用いられたようです。銘文は、百済王から倭王への朝貢があったことを示唆しており、このような弥生時代以来の朝鮮半島から受けた政治的・文化的な大きな影響が、園神と韓神が重要視されたことに反映されているのではないでしょうか。おそらく、「天皇のためのミタマフリにさいして、外来のタマとの出会いがミタマの充足について必要と考えられるようになってきた[60]」のであり、それゆえ園韓神の祭りは新嘗祭の鎮魂の前日に行われ、神楽が不可欠のものとされたのでしょう。

内侍所御神楽以前の賀茂臨時祭御神楽には見られず、韓神のように、内侍所御神楽に新たに組み込まれた重要な神楽歌として、もう一つ阿知女《あじめ》作法を挙げることができます。阿知女作法は、内侍所神楽独特のものとして加えられたと考えられています。その歌詞は非常に不思議で神秘的なものになっています。

本方　阿知女《アジメ》。於《オ》。於《オ》。於《オ》。於《オ》。

末方　於介《オケ》。阿知女《アジメ》。於《オ》。於《オ》。於《オ》。於《オ》。

本方　於介《オケ》。

本方と末方が、まるで呪詞のような言葉である、「アジメ。オ。オ。オ。オ。」「オケ。」をそれぞれ掛け合います。現在では、本方と末方のそれぞれの独唱に和琴が加わります。本方の最後の「オ」に末方の「オケ」が重なるようにして歌い始め、末方の最後の「オ」に本方の「オケ」が重なるようにして歌い始めるという、神楽歌では稀な唱法になっています。現代の賢所御神楽でも長大な御神楽儀の冒頭を飾る曲となっています。

阿知女作法は、「アジメ」を呼び出している歌と解釈されていますが、アジメが何を意味するかは不明です。折口信夫は、アジメは筑紫の海底の神である阿度《あと》部磯良《べのいそら》（安曇磯良《あずみのいそら》）であるとし、内侍所御神楽は宇佐八幡系の神楽が石清水八幡宮を経由して宮廷に入ったものだという自説の根拠としていますが、有力な反対説もあり、諸説並立していて確定されていません。いずれにせよ、内侍所御神楽儀や賀茂臨時祭の還立の御神楽において、御神楽を奉行する者である人長が行っていた作法の一部であったという点については、異論は少ないようです。

また、「オオオオ」は、「オオ」という応答語であり、宣命《せんみょう》に対してそれを受けた官僚がオオと応えるものに類するとも考えられています。「オケ」は、アメノウズメノミコトの神懸かりの際に発した「アハレ、アナオモシロシ、オケ」（『古語拾遺』）の「オケ」と同じ間投詞的な囃《はやし》言葉であるようです。しかし、そもそも「オケ」の意味については諸説があります。土橋氏は、アジメが持参した貢献物、つまり榊の杖や葛などの呪物を「置ケ」と命ずる言葉だったのではないかとされています[61]。

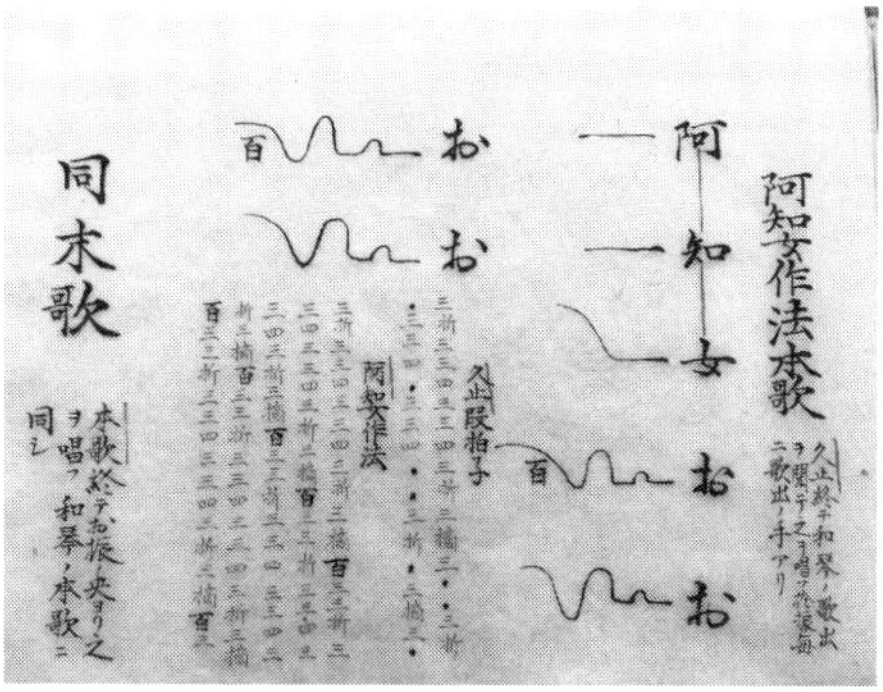

神楽歌　阿知女作法譜面　願泉寺蔵

いずれにせよ、多忠麿氏は、CD『日本古代歌謡の世界』の解説において、阿知女作法について、「長大な御神楽儀の冒頭を飾るこの曲は、静かな導入部的性格をもち、神々しい神域に木魂するその歌声は、単調な旋律ながら荘厳さをかもしだす名曲で、古代日本人の美学の結晶といえる」と述べておられます。阿知女作法は、仏教導入以前の神々しい神域と感応する、古代日本人の宗教的感性の純粋な「結晶」なのです。このような阿知女作法の宗教的感性から展開される御神楽儀の神楽歌群には、日本神話を生み出した純粋な古代日本人の神信仰が保存されているといえましょう。

仏教救済の平等原則と皇統神話の血統主義は並び立つのか

こうした宮廷の御神楽儀は、平安時代以降、応仁の乱の間も絶えることなく、現代に至るまで脈々と受け継がれてきたといわれています。そこには、神仏習合の動向を容認しつつも、純粋な神道的エートスを残そうという宮廷の固い意志を感じ取ることができます。この意志は、称徳天皇期のいわゆる道鏡事件に端を発していると考えられています。道鏡事件によって生じたいわゆる「神仏隔離」の思想について、少し立ち入って確認してみましょう。

すでに見たように、日本古来のカミの観念は、奈良時代以降、様々な仏教的原理と融合してきました。大仏開眼供養会後の八世紀後半から神身離脱思想が生じるなど、種々の神仏の習合の教理が展開していきました。その結果、平安時代の初期には、本来は姿を見せないとされているカミが、仏像に準じて「神像」という彫像となるまでに、習合が進んだのでした。東寺の僧形八幡三神坐像などがその代表的な例です。しかし、聖武天皇の死後、いわゆる道鏡事件による政権中枢の混乱から、「神仏隔離」の動きも朝廷内で始まったといわれています。簡単に道鏡事件について触れてみましょう。

神護景雲三年（七六九）に、称徳天皇（孝謙天皇の重祚）の政権の中枢にいた僧侶で法王と呼ばれていた道鏡について、「彼を皇位に即けたなら天下は泰平になるであろう」という宇佐の八幡神の託宣があったとの報告が、大宰府の神官である習宜阿曾麻呂《すげのあそまろ》より朝廷にありました。すでに見たように、宇佐の八幡神は、大仏造立に際して大きな功績があり、朝廷も最高の待遇をしていた神です。その神の託宣なので影響力は甚大です。天皇がその神託を確かめるべく、和気清麻呂が勅使として派遣されたところ、「わが国家は開闢《かいびゃく》より君臣の秩序は定まっている。臣下を君主とすることは未だかつてなかったことだ。天つ日《ひ》嗣《つぎ》（皇位）には必ず皇統の人を立てよ。無道の人（道鏡）は早く払い除《の》けよ」という、まったく反対の託宣がありました。怒った道鏡は、天皇の詔を使って、和気清麻呂らを配流しましたが、後ろ盾の称徳天皇が亡くなった後に結局道鏡は左遷され、この事件は収拾されました。正史の『続日本紀』は、習宜阿曾麻呂が道鏡に阿《おもね》るために偽りの神託を報告したという立場をとっています。事の真偽はともかく、そもそも一仏教僧が皇位を窺うようになるということ自体が、「天孫が王統を継承するという王法の論理より仏法を優先させる聖武天皇の国家仏教構想の行き着いた果て」(62)といえるでしょう。仏法においては、仏の救いの前では万人は平等であり、世俗的な階級は大きな意味は持たなくなります。王法を仏法で権威づけることは、王法の権威を弱めるという矛盾を最初から内包していることになります。また、仏教に対しては、記紀の神話は、あまり大きな意味をもたず、仏法を王法が奉るということは、国譲りを受けた天津神の末裔であるがゆえに皇位を継承する、という王家の統治の正統性を相対的に弱めることになります。ましてや、天孫の末裔ではない道鏡に対して皇位に即けという神託をすること自体が、天津神に連なる応神天皇霊が習合している宇佐八幡神自身にとっても自己矛盾となりかねないことです。そのような託宣の真偽を、一笑に付すのではなく、わざわざ確認しなければならないまでに、仏教による鎮護国家を推し進めてきた王法の自己矛盾が拡大しており、大きな危機に直面していることを、道鏡事件は露呈させたのでした。

この道鏡事件の反省に立って、王統の継承を確認する宮廷神事については僧侶・仏教は関わらないことが原則化されました。高取正男氏が「神仏隔離」と指摘された動きが始まったのです。『貞観式』（八七二）や『儀式』（八七三〜八七七年頃成立）では、神祇令によって天皇の祭祀とされたもののうち、大祀（大嘗祭）については、祭祀の前後一か月の間、中央の諸司と国府においては仏事を忌む、などと規定されています。この原則は、神事空間における仏教的要素を排除するものであり、一定の重要な神事は仏事と別の体系をもって維持されることになりました。

このことが、前述した宮廷におけるケガレ・物忌み観念の膨張を促し、また、神楽という純粋な神道的儀礼空間を保存し、さらには、御神楽儀を成立せしめえた大きな要因であるといえましょう。神仏融合とはならなかったのは、神道が仏教に譲りえないエートスを保存しつづけていたからです。この純粋な神道のエートスが存続したからこそ、のちに、伊勢神道や吉田神道などの神道側優位の習合思想を覚醒させえたし、また、明治期の神仏分離が可能であったといえます。そして、この神道の純粋なエートスの保存場所の一つが御神楽儀であったと考えることもできるのです(63)。

大乗仏教が極まれば神祇不拝となる

他方、阿弥陀仏一仏のみを教主として、阿弥陀仏の功徳によって極楽浄土へ往生し救われようとする浄土教の立場からは、王法や記紀の神話的世界観は、衆生の救済には論理的には不要です。この姿勢は、鎌倉時代に入って、浄土教が法然や親鸞によって教理的に突き詰められ、万人救済のための独立した一宗派として確立されると、むしろ神祇神話的な世界観に依存することは往生の妨げになるとすら考えられるようになります。平安時代の時点では、ケガレ思想のカウンターパートナーとして日本仏教の表舞台に現れた浄土教も、元来は比叡山天台宗で研究された教学の一部分にすぎませんでした。源信や永観も止観行《しかんぎょう》（真理に心を集中させてその相を観察する瞑想行）を中心とする天台教学の枠組みの中で浄土教を解釈しており、彼らにとっての念仏とは、阿弥陀仏の姿を観察する、観想念仏が中心でした。しかし、法然（一一三三～一二一二）は、比叡山で修行しつつも、中国浄土教の善導（六一三～六八一）の口称念仏の教えに出遇い、この浄土教以外に万人が救済される教えはないと確信しました。そこで彼は、他の行を廃して、「南無阿弥陀仏」と唱える口称の称名念仏行のみを唯一の往生の行として、浄土教を独立した一宗としました。この法然の「専修念仏」の立場からすると、往生のためには止観行はもとより他の仏教的行すら不要ですので、神道的な思想や行法に至ってはむしろ往生の妨げとなってきます。また、誰でも遂行できる称名念仏を救いの行とすることによって、大乗仏教精神が包含する救いの平等性・普遍性の理念を窮極にまで拡張したともいえましょう。このような法然の教説は、神祇観念や、血統エリート思想に基づく王権やそれと結びついた従来の仏教勢力の論理を揺るがすものとなりかねません。それゆえ、法然の教団は警戒され弾圧を受けることになります。

法然の弟子であった親鸞（一一七三～一二六三）は、さらに自覚的に神祇不拝の姿勢を示していきます。それまで、仏教側からは、神道的要素を積極的に排除しようという立場はほとんどありませんでした。浄土教教理が究極まで突き詰められ、阿弥陀仏の本願力回向を信ずることしか往生の因はない、とする親鸞の立場からは、自力の行は、それが仏教的な行であっても、すべて往生の妨げとなります。称名念仏も自力的であれば不十分なものとなります。さらに、神祇への祈願や呪術や占いに頼るという行為もまた、阿弥陀如来にすべて委ねるという真実の信心が揺らいでいることの証左となってしまいます。それゆえ、親鸞はその著書『教行信証』において神祇に帰依することを否定する多くの論師のテクストを挙げ、また『一念多念文意』においても「一念多念の争いをする人を、異学別解の人というのである。異学というのは、聖道門の教えや仏教以外の教えに従って念仏以外の行を修め、阿弥陀仏以外の仏を念じるのであり、また日の良し悪しを選び、占いや神々を祭ることを好んで行うものであって、これは仏教以外の教えである。これらの人びとはただ自力だけをたのみとするものである」と、占術とともに神祇崇拝を明確に否定しています。(64)さらに、『正像末和讃』悲歎述懐讃には、「かなしきかなやこのごろの　和国の道俗みなともに　仏教の威儀をもととして　天地の鬼神を尊敬す」という和讃をはじめ多くの神祇不拝の和讃を作成しており、「いわゆる本地垂迹説によって神祇を尊敬する聖道諸師に対して厳しく教誡して(65)」います。

もっとも、親鸞は神祇の存在そのものを否定したのではありません。「天神地祇はこと

ごとく　善鬼神となづけたり　これらの善心みなともに　念仏のひとを守るなり」という和讃にも見えるように、神祇が仏教や念仏者を護念する、という観念は保持しており、信心を得ることによって神々がその念仏者を護ってくれる利益、「冥衆護持の益」は、親鸞の立場でも排除はされていません。しかし、注意しなければならないのは、親鸞は、阿弥陀如来の真実信心の利益として、不拝の対象であった神祇が現世で他力念仏行者を護持するという神祇観念を持っていたのであって、浄土往生については、阿弥陀仏以外の仏・菩薩も神祇も礼拝することは不要であると一貫して主張していることです(66)。

したがって、もし雅楽が浄土の音楽であり阿弥陀如来の説法であるとするならば、親鸞の立場においては、雅楽は神祇の世界とは次元を絶対的に異にするものになるはずであり、神祇を敬うための儀式において雅楽を演奏することは的外れになります。それどころか、いやしくも雅楽によって浄土を表象せしめようとするのならば、神前で雅楽を演奏することは浄土の宗教的純粋性を損なうことになるでしょう。ちょうど御神楽儀が仏前で演奏されてはならなかったように、浄土の表象である雅楽を神前で演奏することは、親鸞の立場では、理論的には、むしろ忌避されるべきことになります。

また、親鸞の解釈によれば、仏法上の大罪を犯した者も仏法をそしった者も、阿弥陀如来の信心を得れば、結局は阿弥陀如来の慈悲によって浄土へ往生させていただけると説かれます。日本へ入ってきた仏教は、自分の悟りだけではなく、すべての人間を平等に救うことを究極の理念とする大乗仏教です。とすれば、阿弥陀如来の本願力回向を絶対的な救済力を持つものと信じて、善人であろうと悪人であろうと、万人を平等に扱って、速やかに仏にならしめると説く親鸞の立場、すなわち「浄土真宗」は、親鸞自身の言うように「大乗のなかの至極」すなわち「究極の大乗仏教である」(67)ということができるでしょう。

それゆえ、浄土真宗は、神祇不拝を明確に自覚することによって、救済の平等性・普遍性を理念とする大乗仏教的エートスの、日本における凝集核の一つとなったといえます。そこでは、神祇の超越性・天皇や貴族のエリート性の根拠となる日本古来の神祇観念は大きな意味を持たないことになります。他方、御神楽の儀に代表される神道的エートスの核においては、仏教以前の純粋な日本神祇崇拝の感性が保持され、そこでは反対に、仏教的観念は排除されることになります。日本宗教においては、鎌倉時代の親鸞の浄土教に至って、仏教を排除する神道的エートスの核と神祇不拝とする親鸞浄土教における大乗仏教的エートスの核が自覚的に明確になりました。いわば、二つの相容れぬ核を中心に形成される二つの大きな銀河が、それぞれ渦を巻きつつ隣接して、渦の腕の先で両者は重なり合い、混淆し、重層的な宇宙ともいうべき日本の宗教地図が、一応完成したのです。

楽制改革は平安時代に行われましたが、私は、雅楽のコスモロジーの宗教思想的な礎石は、この親鸞の浄土真宗の成立をもって一応の完成を見ると考えています。ただし、雅楽のコスモロジーそのものが完成するまでは、もう四百年ほどかかりました。親鸞自体の儀礼観は、南都北嶺の大法会とは異なったベクトルを持っており、非常に簡素なものでした。真実信心が浄土往生の因であるので、儀礼そのものや、そこで唱えられる声明や音楽がどのようなものであろうと大きな差異はないのです。また、神祇信仰や神仏習合の場と深く結びついていた雅楽演奏が浄土真宗の法要の場に導入されるまでには、かなりの時間を要することになります。第十代顕如宗主の時代に、本願寺が門跡寺院となったことが大きく影響しているかと思われますが、江戸時代に入って教団としても安定してきて、門跡寺院としての格式を整えるために、北嶺の法要形態や雅楽の導入が考えられ始めます。

浄土真宗本願寺派の大きな法要では、慶長十六年（一六一一）の宗祖（親鸞）三百五十回忌法要において、当時の第十一代准如宗主によって初めて雅楽が法要に導入されました。『本山年中行事』によれば、その後は報恩講法要などに雅楽奏楽が行われたことが記されています。さらにその後、第十四代寂如《じゃくにょ》宗主は、積極的に天台宗の大原魚山声明の導入を図るとともに、雅楽・舞楽も本格的に依用するように定めました。正徳元年（一七一一）の宗祖四百回忌法要では、舞台を設けて雅楽・舞楽が演奏され、さらに寂如宗主遷化《せんげ》後の宝暦十一年（一七六一）の五百回忌法要では、毎座の雅楽演奏とともに、楽人を結集させて十曲以上の舞楽を演奏し、かつての南都北嶺の大法要を凌駕する舞楽法要が行われています。現代では浄土真宗の法要において盛大に雅楽が演奏され、聴覚的に浄土世界を現出させていますが、浄土真宗の儀礼に雅楽が結びつくまでには時間がかかりました。しかしながら、浄土真宗における慶長十六年の大法要での雅楽の依用によって、雅楽が浄土真宗の儀礼にも浸透したとみなすことができ、雅楽のコスモロジーそのものも、日本宗教のコスモロジーという礎石の上で、この時に完成したと考えられることができます。

これまで見てきたように、論理的には、雅楽は、神道的核である御神楽儀の際には神祇の音楽、そして、大乗仏教的核にあたる浄土真宗の儀礼においては仏（浄土）の音楽という、一義的な意味しか持ちえないことになります。また、この二つの核以外の宗教儀礼においても、本尊や儀礼が行われる趣旨や場所によって、仏教あるいは神道のどちらが優位になって儀礼が行われるかは明確にされます。そして、それに応じて、儀礼的声楽については、仏教法会では声明、神道儀礼では祝詞と、内容の異なったものになってきます。しかしながら、雅楽は事実上その双方の儀式で奏でられ、同じ舞楽が奉納されてきたのです。雅楽は、神道と仏教の絶対矛盾を包含し、緩やかに統合する媒介の一つとして、日本の宗教儀式全体の式楽となっているといえましょう。雅楽は、この二つの相容れぬ核をも包摂する、日本宗教の宇宙全体のどこにおいても鳴り響く音楽であり、また、この宇宙の形成過程と呼応しながら成立してきた音楽だったのです。

日本の個々の諸宗教や仏教諸派は、習合したり反発したりしつつも、一つの有機的な日本宗教のコスモロジーを現前させています。このようなコスモロジーが日本宗教全体を形成してきたとしたら、そのコスモロジーは、雅楽の内に表象されているのではないでしょうか。雅楽のコスモロジーが日本宗教全体のエーテルとなっているように思います。

それでは、鎌倉時代に完成したこの日本宗教のコスモロジーのもとで、平安時代以降の雅楽はどのように伝承されていったのでしょうか。また、このコスモロジーはその後どのように変化していったのでしょうか。次にそれを見ていきたいと思います。

十、楽所と楽家の成立と盛衰——近代までの雅楽伝承者

平安時代に内裏の中に雅楽楽団（大内楽所）が設置された

すでに述べたように、平安時代の楽制改革の頃から宮廷において、天皇の周りの女御や公達も雅楽をたしなみ、天皇みずからも楽器を奏するようになりました。「管絃《あそび》」の集まりが宮中で催されるようになり、名器といわれる雅楽器の所有や、雅楽演奏の「御所作」をすることが天皇の王権の象徴の一つとなっていきます(68)。

宮廷内で盛んに雅楽が奏されるようになることと裏腹に、律令で設置された公的な雅楽伝習機関であった雅楽寮の変質が進みました。雅楽寮は、本来、東洋的楽舞に加えて、日本古来の楽舞も教習すべきものとして設置されました。しかし、設置後は、度羅楽《とらがく》や婆理楽《ばりがく》、久太舞、さらには林邑楽《りんゆうがく》など、数次にわたって新たに外来音楽が移入され、もっぱら

東洋的楽舞の伝習が拡充され、日本古来の楽舞の伝習との不均衡が生じていました。他方で、宮廷内に日本古来の楽舞を伝習する機関である「歌舞所《うたまいところ》」が設けられたようです。『万葉集』の天平八年（七三六）の歌に「冬十二月十二日、歌舞所の諸王臣子等、葛井連《ふじいのむらじ》広成《ひろなり》が家に集いて宴せる歌二首。此来古舞盛《このごろこぶ》に興り、古歳《こさい》漸《やくやく》に晩れる」との記述があります。ここに現れている「歌舞所」については、諸説ありますが、林屋辰三郎氏によれば、上記のような雅楽寮における伝習の不均衡が発生する一方で、「此来古舞盛に興り」とあるように、当時日本古来の歌舞が宮廷の中で盛んになってきており、「日本的歌舞に郷愁を感ずる人々は、むしろ雅楽寮のなかの日本音楽部というか、歌師・舞師の担当する部分を独立させ強化させようという気分を持っていた」のであり、「そのような日本音楽部の独立を目的として、諸王臣子等がやはり雅楽寮とは別個に、宮中のなかに臨時的に設けたもの」(69)と考えられます。おそらくは、この「歌舞所」が、なんらかの展開を見せて、のちに「大歌所」が成立したと考えられています。

すでに見たように、大仏開眼供養会の記録において、初めて「大歌」の語が見られますが、その後、桓武、平城、嵯峨の各天皇の大嘗祭においても、雅楽寮の奏楽とともに大歌が奏でられています。平城天皇の大嘗祭においては「雑舞并《ならびに》大歌五節舞」とあり、大歌が五節舞を伴っていたことも示唆されています。天応元年（七八一）の桓武天皇の大嘗祭には、大歌は雅楽寮の管轄からすでに離れていたと考えられ、後年、北畠親房が『職源鈔』（一三四〇）に記載しているような「大歌所《おおうたどころ》」が宮中に成立していたと思われます。大歌所は、歌笛や和琴を教習して、主に宮中の節会に出仕したようです。その際、やはり、雅楽寮から独立的に宮中に設置された、女楽を特別に教習する機関である「内教坊」と協力しつつ、節会での歌舞がなされていたようです。内教坊は唐の玄宗時代の楽制に倣ったもので、『続日本紀』の開元二年（七五九）の記載が初見です。このように、日本的歌舞を伝習する諸施設が宮廷内に置かれることになり、設置当初の雅楽寮からの変質が起こりました。さらに、すでに述べたように、唐楽など外来系の楽舞についても衛府の官人たちが中心的な担い手となっていき、内裏（大内）に「楽所《がくそ》」[70]が置かれ、楽所に所属して楽舞に従事した衛府の官人の中から「楽家《がくけ》」が構成されて代々雅楽を継承することになり、雅楽寮は実質的に形骸化していきます。

資料の上での「楽所」の初見は、『日本略記』の天暦二年（九四八）八月五日条の、「是日、大内に於いて、楽所を始む」という村上朝における楽所の創設を伝える記述です。[71]「楽所」とは、元来は、行幸や節会などの特別な場合の雅楽寮の楽人らの詰所の呼称であり、この場合も、雅楽寮の楽人の出張する楽人伺候所のような意味で始められた、臨時の政府機関である令外官《りょうげのかん》であったようです。村上朝の後、各代の天皇の即位後に、そのつどの「楽所始」の記事が見えます(72)。源平の戦乱などでしばらく楽所が開設されなかった時期もあれば、楽所始が行われなくとも楽所が存在していた時もあったようです。

このような準常設的であった「楽所」は、当初は、皇居などで行われる御遊や管絃の催しに参仕する侍臣や、臨時祭などに舞人・楽人として参加する王卿貴族の子弟たちの、楽舞習礼の場というものでした。当初は雅楽寮の楽人が出張してきて指導、演奏をしていたと推測されます。のちに、堀河・鳥羽朝(一〇八六〜一一二三)において、これらの子弟たちの指導者として五位以下の地下楽人《じげのがくにん》が加えられていきました。地下楽人の中心は衛府や雅楽寮の官人に任ぜられた多《おおの》、狛《こま》、大神《おおが》、豊原氏らの専業の舞人・楽人たちでした。特に、多、狛両氏は、堀河朝の頃からの最古の楽家であり、楽所の「一者」(首席)に任ぜられることが多く、十一世紀の終わり頃には、すでに音楽専業の代々の楽家である「重代者」と称されていました。また、楽所の統括者である別当には蔵人頭《くろうどのとう》や公卿があたることが多く、現場の指揮者である預《あずかり》も、五位、六位の蔵人が担当していましたが、雅楽寮の頭は地下で五位の諸太夫があたっていたので、組織の格としても楽所が雅楽寮を凌いでいたのです。最後には雅楽寮の枢要な楽人が近衛府の官人にもなり、左近将監《しょうげん》(三等官)、右近将監などの位をもらって楽所にも在籍していたようです。

これらの事実が積み重なって、内裏の中に常設的に「大内楽所」が確立することになりました。一方、このような「楽所」の成立後、雅楽寮はさらに形式化して衰退していきました。長久二年（一〇四一）の北野行幸の時、雅楽寮に舞楽装束がそろわないので石清水八幡宮や祇園社のものを借りたとか、寛仁二年（一〇一八）の大内裏上東門行幸の時、雅楽寮は楽所行事人の指導を受けてその責を果たした、などという雅楽寮の権威低下を示す記録があり、雅楽伝承の中心は、実質的には宮廷に置かれた大内楽所に移行していきます。

ちなみに、奈良の興福寺（狛氏・登美氏）や東大寺（山村氏）、薬師寺（玉手氏）にも、代々雅楽を伝承する「重代者」は存在しており、さらに、石清水八幡寺に所属していた右方舞人の大神《おおが》惟遠《これとお》も加わり、南都にも左右の舞人を擁する楽所としての体裁が整うことになりました。長保年間（九九九〜一〇〇三）の頃までに、南都の社寺の楽人の間に相互に出仕する楽人の連合体がすでに形成されており、永承三年（一〇四八）に興福寺供養に「楽所」が乱声《らんじょう》を奏し舞楽を行った、という記事が残されています。この楽所は、のちに「南都楽《なんとがく》所《そ》」といわれるようになります。南都楽所は、当時は興福寺・東大寺・春日社などを地盤としており、奈良での雅楽伝承の中心になるとともに、大内楽所へ補任する楽人の供給源にもなっていきます[73]。これらの社寺の間には、大内楽所と密接な人的な関係があったと見て差支えないでしょう。「特に南都には左舞の狛氏があり、大内楽所を構成する重要な一翼となっていたが、それは同時に南都楽所を本拠とするものであった[74]」ようです。

四天王寺には聖徳太子以来の楽団（天王寺楽所）が存続

「大内楽所」と「南都楽所」に加えて、飛鳥時代から伎楽をはじめ外来音楽を伝承してきた四天王寺にも、両都に伍する雅楽伝承が保たれていました。伝承では、聖徳太子の命により、外来音楽でもって法要を荘厳する楽人集団「天王寺楽所」が設置されたとされています。聖徳太子のお膝元である四天王寺においては、雅楽や舞楽を用いて法要を執行することも当然のことであったのでしょう。同じく中国からもたらされた唄《ばい》・散華《さんげ》・梵音《ぼんのん》・錫杖《しゃくじょう》という四種の声明によって構成される四箇法要《しかほうよう》と、多くの舞楽曲によって構成される、舞楽四箇法要の形態をとる、一大ページェントにして聖徳太子の命日法要である「聖霊会《しょうりょうえ》」が成立しました。伝承では聖徳太子在世時に行われていた「法華会」が太子逝去後に「聖霊会」となったといわれています。また、鎌倉時代初期の安貞二年（一二二八）には十数曲の舞楽が奏される大規模な聖霊会が営まれていたとの記録が『吉野吉水院楽書《よしのきっすいいんがくしょ》』に残されており、史実的にも、遅くとも平安時代末期には四天王寺で聖霊会と呼ばれる舞楽法要が成立していたと推測されています。この聖霊会をはじめ四天王寺の各種法要で演じられる天王寺舞楽を伝承することが、天王寺楽所《てんのうじがくそ》の第一の責務となっていきます。

四天王寺の楽人は渡来人を祖先に持ち、ほとんどが秦川勝《はたのかわかつ》に由来する秦氏でした。平安時代中期以降、荘園領主となった貴族や社寺は、自己の荘園とともに散所《さんじょ》を領有するようになりました。散所とは、領主がその領民雑役を負担させるために荘園内部に置いた、年貢免除の土地をいいます。天王寺楽人は、その散所に帰属せしめられており、楽舞の提供という労役に従う奴隷的処遇を長く受けつづけることになりました。また、四天王寺は、日本最初の官寺でしたが、平安時代にはすでに国家的保護を離れ課役を免ぜられるとともに、聖徳太子の遺跡として社会事業に重点を置き、独立した浄土信仰の中心となっていました。このような四天王寺において、天王寺楽所は律令国家の権勢とは無縁のところで展開することとなります。つまり、天王寺楽人は伶人としては特異な環境に置かれていたのです。中央の摂関家の後ろ盾がある南都楽人とは異なって、雅楽寮や大内楽所の楽人からは疎外され、長く卑賤視されることとなりました。楽人の採用の記録である『楽所補任』には、天王寺楽所から大内楽所や雅楽寮への補任の記録は残っていません。

しかし、天王寺舞楽は、中央とは離隔した代わりに、民衆の信仰者の前で演ずることに主眼を置いていたがゆえに、独特の芸態を備えるようになりました。民衆にとって魅力のある、大振りで、派手で、滑稽な要素も取り入れたものとなっていったようです。もっとも、その技術のレベルは非常に高く、多家から伝授された採桑老《さいそうろう》の舞でもって中央にも名を知られた秦公貞《はたのきみさだ》（公定）のような練達者を生み出すことにもなります。『中右記』には、元永元年（一一一八）の宇治平等院における一切経会に、大内の楽人に交じって公貞も出仕し、採桑老の舞が特に感興を与えるものであったので、「散所楽人」としては前代未聞の「纏頭《てんとう》一領」（褒美の心づけの反物一そろい）を天皇から拝した、との記事が見えます。散所楽人としての天王寺楽人への差別意識が見えるとともに、公貞の技量の高さが窺える逸話です。のちに多家《おおのけ》内で伝承をめぐって殺人事件が起こり、採桑老が絶えかけた時に、公貞が、多近方《おおのちかかた》に再伝して伝承を守った、ということもあり、中央でも天王寺楽人の技量の高さは、平安後期以降はむしろ貴族たちの注目するところとなりました。例えば、多《おおの》久行《ひさゆき》の「番舞《つがいまい》目録」の寛喜元年（一二二九）の記録によれば、中央においても「陪臚《ばいろ》」については「天王寺楽人之を勤める」とあり、また、還城楽《げんじょうらく》や蘇《そ》莫者《まくしゃ》、胡《こ》徳楽《とくらく》など、左舞の狛氏や右舞の多氏も勤めなくなった舞を挙げ、それは「中古以降、末輩をもって之を勤仕せしむ」と書かれています。ここでの「末輩」は天王寺楽人を指すと考えられ、[75]天王寺楽人は、平安時代より時折上京して宮廷で奏舞しており、その舞は天覧に浴していたようです。それゆえ、鎌倉時代の『徒然草』第二百二十段に、兼好法師が「辺土はなにかといやしきものであるが、天王寺の舞楽は都に恥じず」と、当時の公家社会における四天王寺の舞楽への高い評価を残しています。また、平清盛は、平家の守護社として嚴島神社を整

採桑老　四天王寺　五智光院（「篝の舞楽」雨天時）

備した仁安元年（一一六六）前後に、無形の文化財として天王寺舞楽を移入せしめて奉納したという伝承もあります。(76) それ以来、嚴島神社は今日に至るまで天王寺楽所とは連繫していくことになります。

このようにして、平安時代末までに、三つの楽所が形成され、それぞれを中核として、京都、南都、摂津といった畿内の枢要な地域の大社寺に、雅楽演奏のネットワークが張り巡らされることになります。今日、茶道の世界を三つの千家が領導しているように、平安時代以降は、この三つの楽所が、それぞれ独自の故実伝統を形成しつつ、日本の雅楽伝承を担っていきます。大内楽所と南都楽所には昔から明確な連繫がありましたし、また、賤民視されつつも、天王寺楽所の演奏の技量については中央でもしっかりと認知されるところとなっていたのです。

十一、神仏習合と雅楽の風景――中世・近世の雅楽のコスモロジー

舞楽が彩る石清水八幡宮での仏教法会（放生会）

平安時代の末期に成立した、三方の楽所による雅楽演奏のネットワークは、各楽所の存続と並行して維持され、のちの江戸時代の「三方楽所《さんぽうがくそ》」の制度へと繋がっていきました。この間、このネットワークにおいては、奏楽・奏舞を奉ずる対象としては神仏の隔てはほとんどありませんでした。三方の楽所は、それぞれの近隣周辺の社寺の儀礼の式楽を積極的に担当しました。このことは、日本宗教界への機動的な雅楽・舞楽の浸透を促したといえますし、律令体制の枠組みで設置されている雅楽寮ではなしえなかった営みです。そして、三方の楽所の楽人の活躍は、八世紀末から進んでいた神仏習合を、儀式音楽の面から促進し、また、儀礼によって固定化する役割を果たしたと思われます。

一定の神事空間においては仏教を関与させない、いわゆる「神仏隔離」が宮廷や伊勢神宮の一部の儀式で行われていたとはいえ、大部分の寺社では、ごく自然に神前で仏事が行われたり、仏教的尊格と習合した神が寺院で祀られたりしていました。例えば、『石清水八幡宮護国寺略記』によれば、奈良の大安寺の僧であった行教《ぎょうきょう》は、貞観元年（八五九）に念願の宇佐神宮へ参拝をし、「神前にて昼は大乗経を転読、夜は真言陀羅尼を唱えて廻向」しました。期日の終わる日に、八幡大菩薩が示現し、行教の修善に感じ入ったので、「おまえとともに都近くまで行き、国家を守護しようと思う」と告げました。行教が神体を奉じて上京したところ、また示現して、王城鎮護のため都近くの石清水男山に移坐する、と告げたそうです。行教が驚いて百回あまり八幡大菩薩を拝すると、男山の山頂が光り輝きました。天皇はじめ皇后や大臣にも、男山から紫雲が立ち上がり平安京を覆うという夢告があり、朝廷はすぐに八幡大菩薩のために男山に正殿を建てたといいます。のちに朝廷は、行教に対して、宇佐神宮へ勾当《こうとう》として参詣して大般若経などを奉納せよと宣旨を下し、行教は百人の僧を率いて、宇佐で大規模な神前読経を行いました。さらに「宇佐に年分度者（一定の定員枠内で、試験を経て得度を許可された僧）三十三人が置かれたほか、男山の社殿にも、十五人の年分度者が置かれ、祈願僧」となしたとされています。

この社殿は、現在は石清水八幡宮といわれていますが、明治維新の神仏判然令までは

「石清水八幡宮護国寺」だったのであり、創建八年後までは神主が置かれず僧侶によって運営されました。また、のちには、行教の弟益信《やくしん》が東寺長者のまま石清水八幡宮の初代検《けん》校《ぎょう》を兼ね、中世には検校が別当の上に立って一山を掌握するようになりました。[77]このように神祇の修行の促進のために神社に建てられるべき神宮寺が、むしろ主体となって、神社と寺院が融合した形態で僧侶が実権を握っている体制を「宮寺《みやでら》」といいますが、神仏習合が進むと、この宮寺が日本各地に出現することになります。特に、八幡神自身は、自ら「大自在王菩薩」と名乗りました。色界天部の摩《ま》醯首羅《けいしゅら》天（ヒンドゥー教のシヴァに相当）である大自在天や、仏道修行中で仏と人の中間状態である菩薩も合体した、仏教色が非常に強い習合神です。それゆえ、居坐の建築物や神域の支配体制以前に、神前での仏事は当然のこととなります。そして、宮寺の法会でも盛大に雅楽や舞楽が奏されて、雅楽は神仏習合儀礼の背景ともなっていきます。

　例えば、石清水八幡宮護国寺にも楽所があり、大神《おおが》氏が中心となったといわれています。大神氏は、元来は南都出身ですが、「大神氏の祖と伝える晴任《はれとお》の孫の代に、笛を主業とする惟季《これすえ》の系譜と右舞を主業とする惟遠《これとお》の系譜に分かれ、前者は石清水八幡宮付近の山井《やまのい》に住し、後者は南都」[78]に住みました。童子の頃から笛の天性を見せ、子がいなかった惟季の養子に入った大神基政《おおがのもとまさ》（一〇七九～一一三八）は石清水八幡宮所司の子であり、別当の頼清に寵愛されたといいます。おそらく、基政以降の大内楽所の血統（山井家）はこの石清水八幡宮の楽所とも深く関わりを持っていたと思われます。

山井家は、また、石清水八幡宮最大の行事であった石清水放生会《ほうじょうえ》にも参加したと考えられます。伏見宮貞成《さだふさ》親王の『榊葉集』の永享五年（一四三三）の放生会の記録によれば、まず、多くの楽人に先導され、三つの神輿《みこし》の行列が下院の宝殿に下ってきます。宝殿で待ち受けているのは楽人・舞人で、以後、新楽《しんがく》、高麗楽、林邑楽などの各種舞楽が続き、神主祝詞・公家十列・御馬曳立・大行道・導師呪願礼仏・導師表白・相撲十七番などがあり、夜に入って神輿還御となります。行事の大半は舞楽演奏で占められていたとのことですが、仏教法会によく用いられた大行道や林邑楽をあえて用いるなど、石清水放生会は仏教法会と神事が融合した形態であったことが窺えます(79)。神仏習合の象徴的形態ともいえる、宮寺の神事の中でも、雅楽は式楽として伝承されてきたのです。

天野社や嚴島社での華やかな舞楽法要

宮寺とは反対に、寺院を護る神社を「鎮守社《ちんじゆしや》」といい、寺院の内あるいは少し離れたところに建てられました。鎮守社では当然のように僧侶が出向いて読経や法会が行われてきました。例えば、高野山北端中腹の天野といわれる盆地にある天野《あまの》社《しや》（現在は丹生都比売《にうつひめ》神社）に祀られている、丹生明神（丹生都比売大神）と高野《こうや》明神（高野《たかの》御子《みこ》大神）は、弘仁十年（八一九）に高野山金剛峯寺壇上に勧請されて、天野社は御社《おんしや》と呼ばれ、金剛峯寺や真言宗を守護する神社となり、供僧六人がいたといわれます。天野社では、道法法親王から唐本一切経を賜って経蔵を造立したことを機縁として、高野山の聖で験効あらたかであった天野社院主の行勝《ぎようしよう》上人によって、天野社一切経会《いつさいきようえ》が承元年間（一二〇七〜一一）に始められたといわれています。そして、この天野社一切経会は舞楽法要の形式で営まれていたといいます。この一切経会を踏まえて、江戸期には、舞楽曼荼羅供《ぶがくまんだらく》が盛儀に行われるようになりました。真言宗の高野山上では歌舞音曲は一切禁止ですが、「高野山僧侶は定期的に天野の里に下りてきて、鎮守の天野社前で、鎮守社の安穏、神威の増幅、仏法の興隆、国家安寧、五穀豊穣等を祈願する法会を、山上では行いえない舞楽法会の形式で江戸時代の末期まで行っていた[80]」のです。天野社一切経会に関わる舞楽には、天王寺楽所の楽人が深く関与していました。天王寺楽人は、平安末期より各地の寺社の舞楽の指導や奏楽に関わっており、天野社の一切経会舞楽についても、江戸時代初期に三方楽人の担当となるまでは、「天王寺伶人の指導の下に展開する[81]」ことになります。

一切経会など、神社で行われた仏事の次第は、各社の実情によって異なっていましたが、北野社一切経会などの次第を見ると、まず行道で、菩薩や師子、楽人の先導のもとに一切経宝輿が神殿に練り込み、神殿に安置されます。あたかも一切経が神威であるかのような扱いです。ひきつづき、振鉾、蘇利古、童舞など供養舞が続き、導師、呪願が高座に登り、法要が開始されます。この間、法要舞が舞われ、最後には仏教法具である錫杖を振って僧侶が退きます。その後、勅楽として舞楽が番《つがい》で四曲、さらに入調の舞楽が十曲ほど続くのです。神社での行事であるのに、あたかも聖霊会の舞楽法要のような次第になっていることが目を引きます(82)。

次に、平清盛によって天王寺舞楽が移植されたという伝承がある嚴島社において、承安四年（一一七四）十月十三日から三日間にわたって平家一門によってなされた、千僧供養と一切経会の様子も見てみましょう。

まず、十三日には、翌日の千僧供養に先立って臨時祭が行われました。舞人十名と随身・陪従（東遊の奏楽者）十名が参加。本社の祓殿で修祓《しゆばつ》を受けた後、客《まろうど》神社《じんじゃ》で、お供え、奉幣があり、東遊が奉納されました。この神事には、内侍所御神楽に参仕していた地下楽人、多《おおの》近久《ちかひさ》、大神《おおが》宗方《むねかた》などが参仕しており、天王寺楽人は含まれていません。その後、本社でも東遊を奉納。夜は本社で「神楽」があり、人長舞なども舞われました。

十四日は千人もの僧侶が南北の回廊に着座して、法会が行われました。まず、楽人が乱声を発し、師子が出てきて舞台脇に伏します。振鉾が奏され、楽屋から菩薩、鳥、胡蝶、舞人、妓女が左右に分かれて舞台両脇に立ち上り、その後に楽人たちが付き、神官二名の先導のもと粥座屋《しゆくざや》まで行道します。再び楽屋へ戻り、舞人たちはその脇に立ち並びます。供花の後、菩薩、鳥、胡蝶の舞が奉納され、供養の後、再び同じ舞が奉納されます。次いで行道が行われました。散花（散華）があり、衆僧が舞台に登って並びます。どうやら千僧全員が左右の列に分かれて、南北の回廊を練り歩いたようです。その後、妓女たちの舞（五常楽、狛桙など）があり、さらに十曲の舞（安摩、二ノ舞、万歳楽、延喜楽、太平楽、皇仁、散手、貴徳、陵王、納曾利）が舞われています。

その翌日が一切経会です。三十人の僧によって恒例のように法要が行われました。この時も振鉾があり、供花、十種の供養の後、菩薩、鳥、胡蝶が奉納されました。その後、行道が行われ、妓女による舞があり、さらに八曲の舞楽が舞われたとされています(83)。楽人・舞人は大内から連れてきた者も多いのですが、地元楽人の佐伯氏や妓女も多く参加しています。これらの地元楽人たちが天王寺舞楽を伝習したといわれていますが、千僧供養や一切経会の法要後の舞楽はいずれも安摩《あま》から始まっており、聖霊会でも安摩は入調の冒頭を飾るものとされていました。それゆえ、これらの法要の組み立ては、行道→供養→法要→入調といった聖霊会舞楽大法要の形式を参考にしたと考えられ、舞楽そのものに加えて、法要の枠組みも四天王寺の舞楽法要（あるいはそれと相互に影響し合い発展したと思われる京都の大寺院の法要）の影響を受けていると推察できます。このように天王寺楽人は、四天王寺を拠点として仏世界を表現する雅楽を演奏しつつ、神社における儀式に舞楽法会様式を持ち込んで雅楽に神仏習合の宗教性を帯びさせ、また、雅楽によって神仏習合を儀礼的に深めることに寄与していたのです。

本地垂迹と春日曼荼羅が育む南都楽人の信仰

また、南都楽人も、興福寺や東大寺、薬師寺を拠点としつつも春日社など大和の有力諸社と繋がりを持ちました。特に狛氏は興福寺に依りつつ、保延《ほうえん》二年（一一三六）に始まった神事「春日若宮おん祭」に参仕しつづけ、他方で、大内楽所の一員として京都の諸社の行事にも参加していました。雅楽伝承に危機感を覚え、貞永二年（一二三三）に『教訓抄』を書き残した狛近真《こまのちかざね》も南都楽所を代表する楽人ですが、彼は神託によって、同じ南都楽人の中遠弘《なかとおひろ》を神主として、「興福寺別当諸附属舞人左近将監」の立場のまま建保五年（一二一七）に氷室神社の社務となりました。以来、南都楽所が祀主となって氷室神社を守り、また南都楽所の事務局をここに置くことになります。また同じ建保《けんぽう》五年に、興福寺僧の範顕の夢中に、春日社頭の瑞籬《みずがき》のあたりに束帯姿の高貴な人（春日明神）が現れて、近真に桴《ばち》を作って蘭陵王の舞を舞わせるように告げました。この夢告に従い、近真は秘曲を尽くして神前で舞いました。この様子は『春日権現験記絵』に描かれて残されています。狛近真には春日明神の霊験が現れることが多く、近真自身も神となって春日大社の末社の「拍子神社《ひょうしじんじゃ》」に祀られています。(84)

このように狛近真は春日明神によって見守られていたのですが、彼の書である『教訓抄』巻七や巻八においては、雅楽演奏を催すことによって浄土往生することを願う音楽往生思想も受け継いでいます。特に、巻七では冒頭で「凡そ舞曲の源をたずぬるに、仏世界より始めて、天上人中に、しかしながら伎楽雅楽を奏で、三宝を供養し奉って、娯楽快楽する業なるべし」と雅楽と舞楽の起源を仏世界に求め、本来は三宝を供養するものと明確に位置づけています。次いで、雅楽演奏が日本においてもたらした「目出事《めでたきこと》」として、春日権現、率川《いさかわ》明神などの神威にまつわるいろいろな奇瑞を挙げていますが、最終的には「我等は舞楽二道をもって、三宝を供養したてまつる功徳によりて、彼の妙声がごとくに、三悪道をはなれて、必ず西方兜率《とそつ》に往生して、楽天の菩薩にまじろいたてまつりて、願のごとく曲を奏して、弥陀弥勒を供養し奉らむ(85)」との決意を表しています。

近真は、救済思想については、仏・法・僧の三宝を雅楽によって供養した功徳による浄土往生を願っており、雅楽の奏舞の窮極の意義としては仏を供養することが本来である、との思想を示しています。ところで、南都においては、栂尾《とがのお》の明恵《みょうえ》上人（高弁：一一七三〜一二三二）をはじめ、弥勒浄土（兜率天）への往生を願う伝統があります。しかし、解脱《げだつ》上人貞慶《じょうけい》（一一五五〜一二一三）が作成した『発心講式《ほっしんこうしき》』（一一九二）には、弥勒浄土（兜率天）と阿弥陀浄土（西方極楽浄土）への往生信仰が同時に披瀝されており、両浄土への往生信仰は、中世の南都においては、往々にして重畳していたと思われます。(86) 近真が「西方兜率に往生」し、「弥陀弥勒を供養」と両尊への信仰を重ねているのも、こういった信仰の気風の影響でありましょう。いずれにせよ、中世の興福寺と春日社が一体化した浄土・神祇信仰の世界に生きた狛近真にとっては、興福寺に依りつつも氷室神社の社務になり、神託を受けて神前で陵王を舞うが、舞楽は仏を供養するものと考えても、宗教的なスタンスに大きな矛盾はなかったのでしょう。

神仏習合の動きは、十世紀には、神身離脱思想や宮寺の出現といった段階からさらに進んで、本地垂迹《ほんじすいじゃく》説の成立に至ります。本地垂迹説とは、本地たる仏菩薩が、衆生済度のために仮に神の姿になって現れている（垂迹している）のだという教説です。天台宗では『法華経』の如来寿量品に基づいて、釈迦を久遠《くおん》の本仏（本門）と伽耶《ガヤ》城で成仏した応迹《おうじゃく》（迹門）に分けて考えます。インドに生まれた釈迦は、すでに久遠の昔に成仏していたので、この久遠本仏が、出生、成道、寂滅したインドの釈尊の衆生済度の方便の姿で、すなわち、迹《あと》を垂れて仮の姿で現れたものとする考え方です。また密教でも、法身《ほっしん》である大日如来が本地身として説法するために、行者の観法修行の中に姿をもった加持身として現れ説法する、という考え方があります。天台の本地垂迹説を中心に、神仏の関係にも本地垂迹説を応用して、仏が、その権《ごん》（仮）の姿である神として現れる（権現）という思想が、十世紀から鎌倉時代にかけて急速に日本中に広まっていき、主だった神社には本地仏が定められていきました。十二世紀中頃までには、アマテラスの本地は盧舎那仏（大日如来）である、という説話ができるまでになります。

このような本地垂迹に基づく神仏への信仰の混淆は、中世の文化人にとっては矛盾のあるものとは考えられませんでした。院内から東方の春日山を拝む興福寺の僧徒にとっては、春日社頭の清浄な空間が、そもそも浄土とみなされていたようです。『多聞院日記』の天文十九年（一五五〇）の松林院貞昭の臨終記事では、南無大明神と南無地蔵菩薩と繰り返し唱え往生したことが記されています。大明神とは春日明神のことで、中臣氏（藤原氏）の本拠であった常盤国から勧請した二神を、第一殿に武甕槌命《たけみかつちのみこと》（鹿島神宮から勧請）、第二殿に経津主命《ふつぬしのみこと》（香取神宮から勧請）を鎮座せしめ、第三殿に天児屋根命《あまつこやねのみこと》（中臣氏の祖先神）、第四殿に天児屋根命の比売《ひめ》神が祀られ、第三殿と第四殿の御子神である若宮を含めて五所明神であり、五柱が綜合されて春日明神とされます。貞昭は、南無大明神と唱えて春日明神に往生を願っているのです。そして、春日明神と並んで、南無地蔵菩薩と唱えて、地蔵菩薩にも往生を願っています。これは、どういう意味でしょうか。春日山を明確に浄土とみなしている「春日浄土曼荼羅図」では、それぞれの社殿の本地仏である、不空羂索《ふくうけんじやく》観音（第一殿）、薬師如来（第二殿）、十一面観音（第四殿）、文殊菩薩（若宮社）がそれぞれ描かれており、第三殿から立ち上る一条の雲に乗って、僧形者を引導して上方の浄土へ向かいつつある地蔵菩薩（第三殿本地仏）が描かれています。「これは篤実な春日信仰で知られる解脱上人の弟子璋円が地獄に堕ちたのを地蔵菩薩が救済する場面（『春日権現験記』に説かれる）といわれ、こと中世においては、春日社第三殿本地仏の地蔵菩薩に対する信仰が盛んで、地蔵の図像をもって春日の神々を著した(87)」ものでした。

興福寺の僧徒にとっては、これら春日の神々の背後に本地となる仏たちがおられ、神霊が充溢する清浄な春日山の彼方に浄土が広がっていたのです。おそらく、狛近真もこのような春日明神に関わる神仏習合・本地垂迹の宗教世界を共有し、春日山の神域を通じて「西方兜率」の浄土を感得していたことでしょう。中世の雅楽人近真にとって、春日明神の前で陵王を舞うことも、神託でもって氷室神社の社務になることも、欣求浄土の想いと矛盾をきたさず、むしろ仏前で奏舞することと同じく、往生への功徳を積むことであったのだと思われます。

雅楽は武家時代の皇室と衰微を共にする

平安期に隆盛した雅楽は、公家から武家へ社会の中心が移った鎌倉時代以降、天皇権力の衰退とその運命を共にしました。源頼朝による鶴岡八幡宮への神楽の積極的な導入ということもありましたが、「武家の日常生活の中では一般に、王朝貴族ほど宮廷音楽に没頭するということはありえなかった(88)」のです。それでも、室町期の天皇家や公家化した足利将軍家は王権の象徴として雅楽を学び、それを管理しようとしていました。また、天皇を象徴する楽器が「楽琵琶」から「笙」に変移するなど、宮廷の雅楽界でも、その雅楽器の象徴的意味の存続を前提とした転変がありました(89)。それにつれて、地下楽人が将軍家に対して秘曲伝授を行ったり、天皇家の師範となったりしていました。「武家・寺家・公家などの様々な中世的権門が、それぞれに宮廷音楽を必要としたことから、鎌倉・室町期の楽人の活動はそれまで以上に多様化を遂げた(90)」といえます。

しかしながら、雅楽は、平安時代のように権門の生き生きとして華やかな文化の中心に据えられることはなく、音楽性や芸術性を備えた芸能というよりは、象徴的機能を持った式楽として、なんとか命脈を保ちえたといえるでしょう。先にも述べたように、狛近真は、すでに鎌倉時代の初期に雅楽伝承の危機を感じ、自分の知識を後世に伝えるために、貞永二年（一二三三）に『教訓抄』を著しました。近真はその中で、楽家においても、技術よりも氏素性が優先し、「近来の楽所の作法」としては、「乳ふさをくはえたるみどり子どもを、面々に上官に申任ずめり」（例えば、豊原定秋《さだあき》が天福元年に六歳で楽所楽人に補任したりしていた）といったことがあったり、演奏においてもただただ往古の名人をなぞっているだけで、それは「獮猴《びこう》のひとまねをするかともうたがひつべきなり（大きな猿が人真似をしているのかと疑ってしまうようなものである）」と、激しい言葉で当時の雅楽界の状況を嘆いています。

さらに、文正二年（一四六七）に生じた応仁の乱によって京都は決定的に荒廃してしまいました。京都の楽人たちは難を逃れるべく地方へくだり、宮廷行事の神楽や雅楽は極めて細々としたものになってしまったのです。京都方の笙の楽家で、後柏原《ごかしわばら》天皇から雅楽頭《うたのかみ》に任ぜられた豊原統秋《むねあき》（一四五〇～一五二四）は、こういった世情の乱れから諸文書が失われたため、雅楽伝承に大きな危機感を持っていました。そこで彼は、豊原家の家風の零落を食い止めるべく、「子孫嫡家一人」のために、父親の教えと「祖先の筆跡」に基づいて大部の楽書『體源抄《たいげんしょう》』（一五一二）を残しています。

またこの乱によって、大嘗祭も、文正元年（一四六六）の土御門天皇の例を最後として、江戸時代の貞享四年（一六八七）に東山天皇即位にあたって簡略な形で復興されるまで、約二百二十年間中断されてしまいました。その際、田舞、吉志《きし》舞、久米舞など、大嘗祭と結びついた楽曲はいったん廃絶してしまいます。賀茂祭と石清水臨時祭も、室町期を通じて衰退し、応仁の乱以後は中絶したので、両祭で用いられる東遊も廃絶してしまいました。大嘗祭が執行できなくなったのは、戦乱が続いたことに加えて天皇や公家が経済的に疲弊したことによりますが、上級貴族がそうであったのだから、朝廷官吏である京都楽人はより逼迫《ひっぱく》していたことでしょう。実際、多くの京都の楽人はこの時期に没落したといわれます。朝廷儀式が極限までに衰退したこの時期が、雅楽伝承にとっても最大の危機の一つであったといえるでしょう(91)。ただ、この時期にあっても、内侍所御神楽儀は途絶えることなく続けられたといわれています。

しかし、戦国期の混乱を経て、織豊政権さらには徳川政権へと世情が安定するにつれて、朝廷儀式の復興とともに雅楽伝承の機運も再興されていくことになります。正親町《おおぎまち》天皇は雅楽の再興を図って、天王寺楽人や南都楽人の一部をも朝廷へ参勤させ、朝廷儀式の奏楽を担わせました（「天正の楽道おとりたて」）。後陽成天皇の時代には朝廷儀式も少しずつ復旧され、聚楽第行幸の際には、天王寺楽人の加勢によって四十名を超える大規模な舞楽の儀礼の執行も可能となりました。慶長期においては、東山大仏の供養会や豊国神社における秀吉の祥月祭礼では、毎年舞楽を伴う奏楽が、三方の楽所から総計四十五人もの楽人を招集する規模で行われました。これは舞御覧など、当時の朝廷での楽儀の規模より大きなものでした。このため、天王寺方と南都方の一部の楽家のうちには、京都での奏楽をもっぱらとするため京都に常駐する在京楽家も出てきて、江戸期の三方楽所制度の揺籃《ようらん》が造られていきます(92)。

江戸幕府に支えられる雅楽の伝承

さて、江戸幕府が成立した慶長八年(一六〇三)の『禁裏様楽人衆』には、京都、天王寺、南都の三方の楽所からなる二十四人の名前が見えます。禁裏の雅楽については、在京の楽人を中心に、三方の楽所の楽人が協働して奏楽・伝承するシステムが緩やかにできていたようです。さらには、寛文五年(一六六五)の家康五十回忌法要に際しては、三方の楽人五十七名が江戸に向かい大規模な舞楽法要が行われましたが、これを機縁として、三方楽所全体に三方楽所領二千石が継続的に毎年給されることになりました。ここに「三方楽所」の制度が成立します。「三方楽所」の制度とは、内裏や将軍家に関わる儀式の雅楽演奏を、京都方だけではなく、南都楽所、天王寺楽所も共同して担当するというものです。

楽所奉行の四辻家を本所として、三方の楽所から老分、年番などをそれぞれ出して運営されていました。幕府が設けた三方楽所領二千石から、楽人の上位の序列に従って「家領米」や「稽古料米」、また、演奏の質の向上のため個々人の技量に応じて「芸領米」が下賜され、三年に一度「三方及第」という実技試験を行い、成績に「芸領米」がリンクされていました。また、宮廷行事における奏楽に対して、内裏からもこれらの楽人たちに「御扶持米」が支給されていたことから、この頃より、天王寺楽人たちにも自分たちは「禁裏楽人」であるとの意識が芽生え、従来のように四天王寺の「寺役人」とみなそうとする四天王寺側との間に紛議が生じたりもしました。[93] また、三代将軍家光が、寛永十三年（一六三七）に日光東照宮に日光楽人、寛永十八年（一六四二）に江戸城内紅葉山東照宮に紅葉山楽人を設置し、両所における将軍家の先祖祭祀法会奏楽を担当させ、三方楽人を頻繁に下向させずとも関東において雅楽の演奏ができるようになりました。

　宮中行事を含む京都における大きな奏楽の機会は一年に十回前後で、三方楽人はこれらをこなしつつ、それぞれのホームグラウンドで大きな催しがある時には、在京の楽人も下向して奏楽し、四天王寺の「聖霊会」や南都の「春日若宮おん祭」の舞楽奉納など元来のそれぞれの伝承地の雅楽の伝統も保持していました。ただ、御神楽のような皇室祭祀と関わる音楽種目については、管絃や舞楽と異なり、依然として京都方の特定の家筋の楽人だけが参仕する権限を有し、南都方と天王寺方の楽人は参仕できませんでした。また、四辻家が楽所執奏の立場を保持し、琵琶、箏、和琴、神楽道などの伝授権は宮家や堂上公家が専有していました。それゆえ、三方楽人は、もっぱら打楽器と管楽器、舞楽を担当していました。

江戸期の雅楽伝承は、政権を盤石とした江戸幕府が定礎した、このような三方楽所の制度のもとで、平穏に保たれていきました。京都方の楽人安倍季尚《あべのすえひさ》は、元禄三年（一六九〇）に、おおよそ当時の雅楽に関する事項を細大漏らさず書き記した、全五十巻からなる浩瀚《こうかん》な楽書『楽家録《がっかろく》』を二十年以上かけて完成させ、禁裏へ献上していますが、このことは江戸期の雅楽伝承の安定性を象徴する出来事であったといえるでしょう。『楽家録』には、当時の細密な舞台図や彩色された舞楽装束や面の図も多く含まれており、『楽家録』と並んで三大楽書といわれる『教訓抄』や『體源抄』が雅楽伝承の危機に面した緊迫感の中で編まれたことを考えれば、江戸期の雅楽伝承をとりまく状況が恵まれた余裕のあったものであることを窺い知ることができます。いずれにせよ、戦乱期の後は、雅楽は王権の象徴であるとともに、武家による泰平の世をアピールするメディアとしての役割も担うことになりました。それゆえ、江戸期には、田安宗武、松平定信親子、井伊直弼《なおすけ》、水野忠邦、堀田《ほった》正睦《まさよし》といった武家の雅楽教習者も増えていきました。

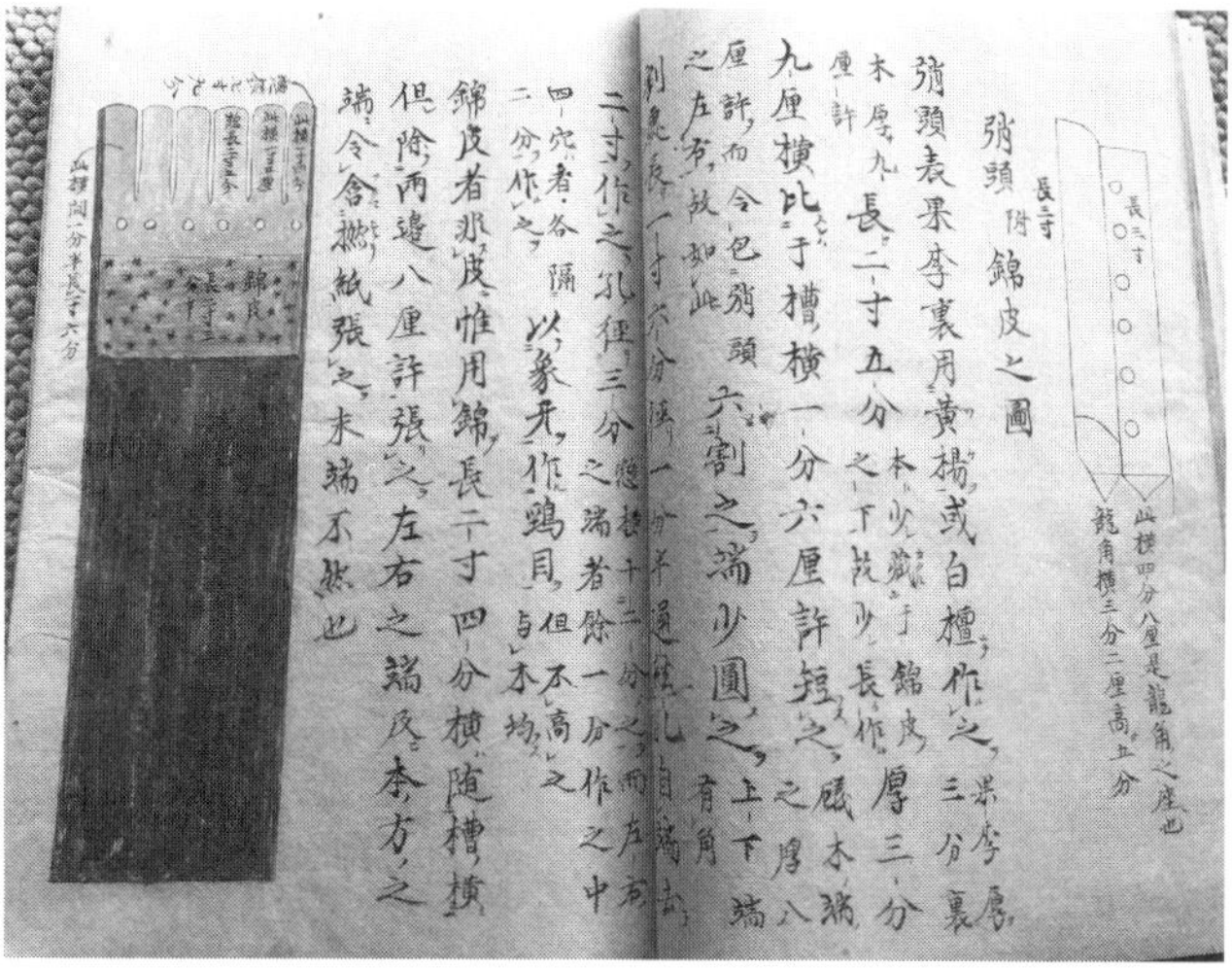

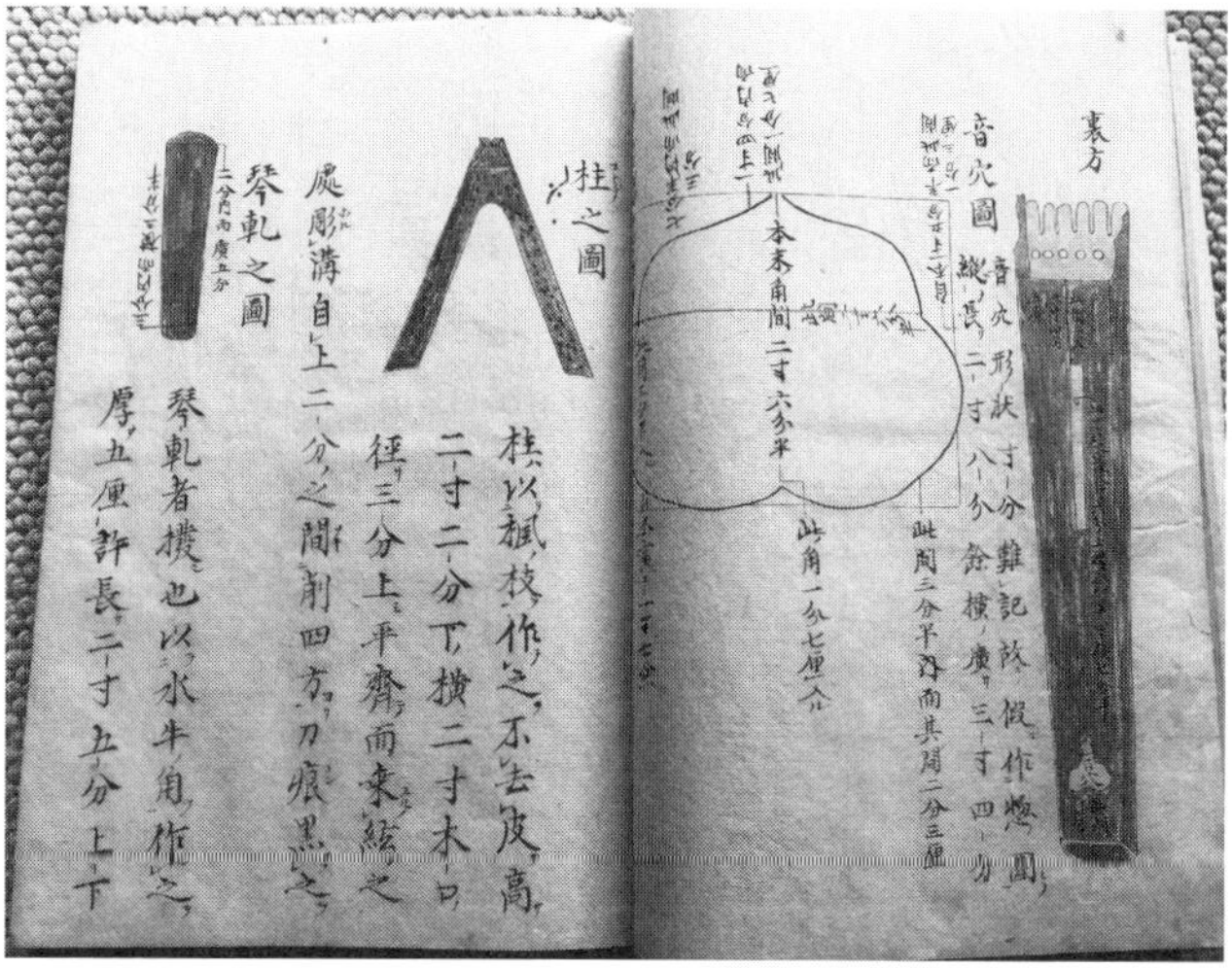

『楽家録』（写本　筆者蔵）

こうした政治と雅楽伝承の安定化に伴って、中世以来の大寺社の儀礼も安定的に執行されるようになり、三方楽所の楽人の雅楽・舞楽の奏楽により、神仏習合の儀礼イメージも再び象徴的に表現されていくことになります。幕末の在京三方楽人であった東儀《とうぎ》文均《ふみなり》（天王寺方）と辻近陳《つじちかつら》（南都方）の日記を分析してその活動を追跡した南谷美保氏の研究がありますが、この研究によれば、この二人の明治維新直前の安政四年（一八五七）の活動においては、節会、白馬節会、踏歌節会、舞御覧、御楽始など宮中の雅楽の行事に参加する一方、四辻殿楽始、今川殿御楽稽古、青蓮院宮での吹き合わせなど公家衆とも交際し、また、興正寺や東本願寺などの京都の大寺院の法要付楽に出仕するかたわら六孫王権現（龍神となった清和源氏の始祖源経基）九百年御神祭で舞楽曼荼羅供を行うなど、極めて神仏習合的な儀式の雅楽演奏にも参加しています。(94)

十二、神仏分離と国家神道――「近代」雅楽への変異

江戸時代を通じて準備された神仏分離の基盤

江戸期を通じて神仏習合状況が持続する一方で、神仏の間に楔が打ち込まれる準備が次第に進んでいきました。その伏線は、江戸時代以前の吉田兼倶《かねとも》（一四三五〜一五一一）による吉田神道（唯一神道）の成立に見ることができます。兼倶は、神道を単なる多神教ではなく、「天上と地上と人体の内部に神（霊・心）がそれぞれ存在して宇宙全体に遍満しているという一種の汎神論[95]」を打ち立て、自らの立場を「元本宗源神道《げんぽんそうげんしんとう》」と呼びました。兼倶にとっては「神道」は万物の根源であり、それゆえ、易、道教、仏教、儒教など、諸教も「神道」に包摂され、これらはすべて元来「神道」である、と言います。この思想が結晶したのが「根本枝葉花実説」です。兼倶の著作『唯一神道名法要集《ゆいいつしんとうみょうほうようしゅう》』では、聖徳太子が

かつて密かに推古天皇に次のように上奏したといわれています。「我が日本が種子を生み、中国で枝葉が現れ、インドで花実が開いたのです。従って、仏教は万法の花実、儒教は万法の枝葉、神道は万法の根本です。儒仏二教はみな神道の分かれたものです。枝葉と花実によってその根源が現れます。花が落ちて根に帰るものなのですから、今仏法が東へもたらされたのです」[96]。兼倶までの神道家は、あくまで仏教優位の神仏習合状況における神祇の専門家としてのあり方に甘んじていました。しかし、吉田神道から初めて、仏教から独立した宗教としての「神道」が成立していきました。ただ、その理論は神道を根底に置きつつも神仏習合状況を追認するものでもありました。

　この動きを受けて、江戸時代を通じて、仏教に依存しない神祇に関する様々な思惟が現れます。また、仏教だけに限らず儒教など中国思想の影響をも、神道から排除する考え方も生じてきました。特に、賀茂真淵《かものまぶち》（一六九七〜一七六九）および本居宣長《もとおりのりなが》（一七三〇〜一八〇二）によって大成された国学においては、「古言《ふること》」を学んで古意を知る必要があり、日本に本来備わっている「天地のこころ」を文献実証主義的に明らかにすることを旨としました。彼らによれば、従来の記紀などの神典理解は、「からごころ」によって解釈されたものであり、本来の「古《いにしえ》の道」を覆い隠しているとされます。宣長は、この方法によって見出された「古の道」の内実を、「もののあはれ」と表現し、主情的共感に内面化された神道に日本のあるべき姿を見ました。さらに、宣長はその著書『玉くしげ』(一七八九)において、徳川幕府が国を統治している根拠は、天照大神(天)が東照大権現に国と人民を預け、それらを治めることを委任したからであると、いわゆる「大政委任論」を展開しています。この宣長との説との関連は不明ですが、のちには、幕閣であった松平定信も若き将軍である徳川家斉に、日本の国土と人民は天皇・朝廷から将軍へ預けられたものであり、それを統治することが将軍の職分であり、天皇・朝廷への義務である、と天明八年の「将軍御心得十五ヶ条」において説いています。江戸期後半には、次第に低下していく幕府の権威を、大政委任論に基づいて天皇・朝廷の権威によって補完するという動きが幕府内部からも起こってきます。

こうした国学を土台として、明治維新における神祇政策に大きな影響を与えた平田篤胤《ひらたあつたね》(一七七六〜一八四三)の「復古神道」が現れます。平田篤胤は、「古の道」を規範とする現実世界での実践の必要性を説きます。「彼は、天照大神の信任を受けた天皇家およびその名代である将軍が統治する日本の現秩序そのものが神の恵みに適い、そこで「真心」のまま人情に従って生きることが古道=神道の実践であるという絶対的な現状肯定論を展開[97]」しました。また「平田篤胤の神道論の中には、日本が世界一の根源の国で、日本が中心であるという思想がある。そして日本神話が世界中の神話の元で、それが各国各地に伝わって、世界の諸神話になっていったのであり、アダムとイブの神話も、もとはイザナギ、イザナミ神話が元祖であるという本末関係を説いて(98)」います。さらに、篤胤は、古道を実践してても解消しえない現実社会の不平等を解釈するために、人間は、死後は大国主命《おおくにぬしのみこと》によって支配される幽冥界に行くことになり、そこで正邪の審判を受ける、といいます。篤胤はある意味、宗教家でもあったわけですが、彼のこのような神秘主義的な部分は、明治維新のイデオロギーとなった復古神道の流れの中では軽視されました。しかし、平田国学（復古神道）はその「勤皇思想、尊皇思想、日本中心主義、排外主義によって、ヨーロッパ列強に対して徹底的に抗戦して、敵を追い出していくというイデオロギーのよりどころとされた(99)」のです。しかしながら、これら神道家が信じた神道の「固有なるもの」の多くは、「仏教との濃厚な関係のなかで展開した中世神道の思惟を前提としなければ、実は成り立ち得ない(100)」ものだったのであり、「一般的信仰のレベルにおいては、神道は仏教との密接な関係は近世の終わりまで続いた(101)」のでした。

他方で、大政委任論や復古神道による勤皇思想の盛り上がりは、雅楽界に大きな寄与をすることになります。このような趨勢を読み取った光格天皇（在位一七七九～一八一七）から孝明天皇（在位一八四六～六六）にかけての幕末の朝廷は、中絶された朝儀を再興し、また、略式で再興されていた朝儀を古式に復古させることに熱心に取り組み、朝廷の権威を大いに高めました。朝儀の復古に伴い、廃絶されていた雅楽楽曲の再興が盛んに行われ、また雅楽演奏の機会自体も増え、雅楽界は平安時代以来のもう一つのピークを迎えます。

室町時代末期までにほぼ廃絶していた催馬楽は、天明七年（一七八七）に「席田《むしろだ》」と「安名尊《あなとう》」、文化十年（一八一三）に「山城」（賀茂臨時祭再興に際して）、文政元年（一八一八）に「蓑山《みのやま》」、文政十一年（一八二八）に「更衣《ころもがえ》」が再興されます。主に清暑堂御遊などの管絃行事の充実を図ってのもので、復古主義が雅楽の世界にも貫徹されていたことが窺えます。以上の幕末に再興された五曲に江戸期の初期に再興されていた「伊勢海《いせのうみ》」を加えた六曲は、明治撰定譜に収録され、現在でも演奏されています。

文化十年には石清水臨時祭が復興されましたが、その際に「東遊」の一具も再興されました。「東遊」は賀茂祭や石清水臨時祭の中絶によって廃絶していました。江戸期を通じて、略式の再興が何度か試みられていますが、石清水臨時祭の復興に際し、京方楽人の各家所伝の古譜を検討して、本格的に「東遊一具」も復興されたのでした。翌文化十一年（一八一四）の賀茂臨時祭の復興時（石清水臨時祭と隔年執行、慶応元年〈一八六五〉から両祭とも連年執行）にもこの復興された「東遊」が奏されました。また、光格天皇を継いだ仁孝天皇の文政元年（一八一八）の大嘗祭に際しては「久米舞」の再興なども行われ、この頃には宮廷関係行事における雅楽演奏の機会も倍加していました。

これらの楽曲復興は、宮中祭祀と関わるものであるがゆえに、もっぱら、それらに特権的に参仕することができる、大内楽所の京方の特定の家筋の楽人と一部の南都方楽人が中心となって取り組み、天王寺方の楽人は、安倍姓東儀氏以外は御神楽に参仕していなかったからでしょうか、ほとんど関わっていません。しかし、古儀復興の機運は天王寺方でも盛り上がったようで、文政十三年（一八三〇）の聖霊会において、薗家によって舞楽「蘇《そ》莫者《まくしゃ》」が「再建」されています。「蘇莫者」は平安時代には天王寺楽人が専有的に舞う舞曲であったようですが、久しく雅楽界から廃絶しており、『林家楽書類』の記録によれば江戸期の天王寺方においても文政十三年の「再建」まで舞われていませんでした。さらに、記録がはっきりしている安政七年（一八六〇）の聖霊会まで、薗家以外の者は「蘇莫者」を舞っていません。宮内庁式部職楽部でも近年まで、「薗家秘伝の舞」(102)として舞われていたようですので、この文政十三年に薗家によって復興された「蘇莫者」が、現在伝承されている舞の原型となっていると思われます。

日本宗教のコスモロジーへの深刻な影響

このように、雅楽古儀再興の機運が高まるなかで、突如、明治維新が遂行されました。

明治新政府は大政奉還の後、旧幕府、諸藩などの諸勢力がひしめき合うなかで、神権的権威・権力としての天皇を推戴することで、諸勢力の拮抗とそこに生まれる権力の空白状況を乗り越え、果断に近代化の変革の主導権を掌握しなければなりませんでした(103)。この状況に、明治政府初期の宗教政策を担った亀井茲監《これみ》や福羽《ふくば》美《び》静《せい》といった、平田国学の影響下にあった津和野藩出身者らの理念がリンクしました。

彼らの政治理念は、「五箇条御誓文」発布前日の慶応四年（一八六八）三月十三日の維新政府による布告に見ることができます。この布告の冒頭で、「この度、王政復古、神武創業の始に基づかせられ、諸事御一新、祭政一致の御制度に御回復あそばせられ候」と宣言されています。すなわち、神武創業以来の万世一系である天皇による古代的祭政一致の復興です。明治新政府に当初、「太政官」と並立して「神祇官」が設置されたのもこの理念の具体化でした。そして、その「神祇官」に全国の神社・神職が附属することも、この布告に述べられています。この布告に従って、「五箇条御誓文」発布は、天皇が公卿・諸侯・百官を率いて天神地祇に国是を誓う、という形式がとられました。また、続く三月十七日の布告では、全国の神社に別当・社僧として神勤している僧職者の還俗《げんぞく》が命じられ、三月二十八日には、権現や牛頭天王など仏教語をもって神号とされているものや、仏像をもって神体としたり、仏像そのものを神社で崇敬することは禁じる、との布告が出されました。これら一連の「神仏判然令」によって、神社領域から仏教を排除する神仏分離が推進されたのです。

このような神仏分離と並行して、神権的天皇を中心に国家を統合することが、日本の近代化の必須政策であり、それを具体化する方策として、皇室の神道祭祀を基軸とした祭政一致国家の樹立が目指されることになりました。しかも、皇室の神道祭祀の多くは、古代にそうであったような祭祀職に委ねるものではなく、天皇が祭祀の主宰者となる「天皇親祭」とされました。さらに、天皇祭祀の大規模な拡充が図られ、祝祭日は皇室祭祀に関連して設けられ、その日には、小学校をはじめとして国民が皇室行事を寿ぐ行事が設けられました。皇室祭祀が、古代よりも時間的・空間的に大規模に拡充され、ほとんど新しい神道儀礼システムの創出といっていいほどの変容が起こったのです。

こういった日本の近代化の経緯について島薗進氏は次のように言っています。「近代国家の統治に資する儀礼体系の形成は、どの国でも重大な課題だった。十九世紀後半、西洋諸国は互いに競いながら、新しい「伝統の創造」を追求していった。日本では皇室祭祀を基軸として、各地の神社の祭祀を組み込みつつ、伝統の創造が行われていったのだ。逆説的に聞こえるかもしれないが、近代の西洋で育てられた国家儀礼システムを参考にし、国民の忠誠心や団結心を鼓吹する方策を編み出していくことによって、古代的な理想の再現と理解された祭政一致の体制づくりが促進されたのだ」[104]。

神仏習合の宗教的コスモロジーやそれと深く結びついた従来の天皇制によって支えられてきた三方楽所の楽人たちは、古代以来の宗教的ネットワークの中心地域であった畿内で、皇室や大寺社を通じて様々な神々と仏たちに仕えてきました。しかし、政治的にも経済的にも三方楽人を支えてきた徳川幕府が崩壊した以上、楽人たちは、ともかくも生き抜いて雅楽を次代に継承していくためには、この変転を甘受せざるをえませんでした。彼らは、新しい都である東京で、皇室祭祀を通じてアマテラスを頂点とする純然とした日本の神々の神話体系に奉仕する、「近代」国家の官吏となることになったのです。

引き裂かれる畿内の雅楽ネットワーク

塚原康子氏によれば、「近代天皇制の下で国民国家を成立させた明治期は、国家が音楽の力を最大限に利用した時代であり、雅楽にも、それまでない大きな変化をもたらした特別な時代[105]」でした。それは、明治維新後の宮中行事の再編に現れることになります。明治維新後の宮廷行事は、単純にその数を幕末のそれと比べると二倍になっています。明治の主な変化の内容として、①宮中行事における神仏分離、②新儀祭典（神武天皇祭、先帝祭、紀元節など）の創出、③畿内各社の祭りの分離、④祭祀に直結しない節会、楽会などの選択的改廃、⑤西洋起源の行事（天長節など）の創設の五点を挙げることができます。神仏を分離し、わけても皇室の祖先祭祀と結びつきが深い神道系の行事を整備拡充しようとする明治政府の意図が強く表れています[106]。そして、その顕著な傾向として、雅楽の諸ジャンルのうちでも、外来系の音楽と舞ではなく、日本古来系の歌と舞、すなわち神楽歌、久米舞、東遊、倭舞（大直日歌）などが、神道系の行事の整備において積極的に採用されました。明治新政府はまず、これらの音楽を政府の管理下に置こうと種々の政策を試みたのです。

大歌（五節舞） 舞人：日本雅楽会
写真：林陽一（『雅楽壱具』〈東京書籍〉より転載）

東京遷都によって、再興されたばかりの賀茂臨時祭や石清水臨時祭など、畿内の地域的基盤の上にかつて存在していた近世の宮中行事が解体される一方で、新嘗祭などの従来の宮中行事が東京で執行されるようになりました。加えて新政府によって復興された神祇官により新たに創出された皇室祭祀（紀元節・天長節）やその他の祭典での、奏楽の機会も設けられることになります。明治元年（一八六八）の明治天皇の京都での即位式に、いままで前例がなかったにもかかわらず、日本古来の神道的芸能である国風歌舞の「大歌」が奏されました。さらに、同年の明治天皇の東京行幸において、フランス公使ロッシュらとの初の外国公使引見が催されましたが、その際、天皇の出御・入御に合わせて唐楽の「平調調子」と「萬歳楽」が奏されました。この年の明治天皇の東京滞在中（九月から十二月）の雅楽演奏については、鎮守府から命を受けて、かつて江戸幕府に仕えていた東京の紅葉山《もみじやま》楽人が行いました。その後、神祇官が新設した慰霊祭典（京都河東《かとう》操練場に於《お》ける楠公祭《なんこうさい》、官軍戦死者招魂祭、護良《もりなが》親王神霊祭など）でも雅楽奏楽がなされました。

このように、祭政一致政策の遂行機関である神祇官の設置およびそれに伴う宮中行事の増加によって、皇室の荘厳としての雅楽演奏の比重が増し、新たな演奏の機会が増えました。というのも、神祇官通達では、雅楽が元来外来音楽であったことには触れず、「皇国伝来之音楽」(107)とされたからです。このように規定することによって、天皇が出座する際の雅楽奏楽は、神の来臨する神事のイメージを喚起させ、天皇の神格化の格好の演出となりました。他方で、神仏分離令と廃仏毀釈運動によって仏教に関連する演奏の機会は削減されることになります。三大勅祭（賀茂祭、石清水放生会、春日祭）のうち「石清水放生会」は神仏分離の方針から、「石清水中秋祭」と名称変更され、仏教に関わる曲は演奏せず、曲目を改めることが神祇官から通達されました。このようななか、「芸領米」分配の割合を決める三方楽所の及第会（試験会）が慶応四年（一八六八）八月に行われましたが、これが最後となり、事実上幕府に支えられてきた三方楽所の制度は終焉《しゅうえん》を告げるのです。

明治二年（一八六九）三月の天皇の東京奠都に先立って、二月から京都を中心に行われてきた、宮中行事を東京へ移し再編する作業が本格化しました。一月にはまだ正月の三節会、十九日に舞御覧、二十七日の御楽始（この年は明治天皇ご自身の所作なし）など、京都における宮中奏楽の伝統が執行されました。しかし、他方で、明治元年（一八六八）十二月十七日の東京での神祇官仮神殿の鎮座を直接の契機として、まずは、皇室の祭祀行事で必ず演奏される神楽などの演奏権を持つ楽人に対する東上要請が下りました。これに応じて、多久顕《おおのひさあき》、辻近陳《つじちかつら》、安倍季員《あべのすえかず》ら六名の楽人と装束が東京へ移動し、東京での神楽演奏が可能になりました。さらに、もともと神楽が行われた賢所御神楽に加え、神祇官によって創出された祈年祭、神武天皇例祭、氷川祭でも神楽が執行されることとなりました。このような新しい皇室祭祀の創出によって、神道的な由来を持つ楽曲を演奏する機会が増加し、雅楽の持つ宗教的伝統性が神権的天皇制を荘厳する媒体としてふんだんに活用されることとなります。このことが徹底されて、神饌奏楽にも、従来の唐楽に代えて神楽歌が用いられることになりました。

ただ、江戸期に確立していた音楽種目や楽器ごとの複雑な権利関係や奏演関係が、東京での祭典執行の足枷《あしかせ》になることがありました。例えば、明治三年（一八七〇）二月十四日、和琴の演奏権を専有していた多忠寿《おおのただひさ》は、東上したものの、春日祭の倭歌《やまとうた》の和琴参仕のためいったん帰京したのです。つまりこの間は、東京での神楽演奏に支障が生じうることになったわけです。このことは神権的天皇制を急速に推し進める明治政府の意志の遂行の妨げになりました。そこで、複雑な権利関係が張り巡らされた雅楽伝承を一元化して、政府が管理しやすくするために、明治三年（一八七〇）十一月七日、明治政府によって、太政官中に舎人局とともに雅楽局が政府機関として仮設置されました。これに基づいて、十一月九日には四辻家の楽所執奏の停止をはじめ、宮家・堂上家が伝授権を有していた琵琶、箏、和琴、神楽道などの伝授廃止が命じられました。幕末まで、雅楽伝承は、天皇自身をはじめ宮家・堂上各家と三方楽所の地下の楽人で分掌されていました。弾物《ひきもの》と歌物《うたもの》は、もともとは堂上の領分であり、琵琶は西園寺・菊亭・伏見宮、楽箏は四辻、歌物は綾小路・持明院と割り当てられていました。神楽は、堂上家と神楽領を給付されていた京都方楽人（神楽歌、人長舞の多、笛の山井、篳篥の安倍）のみが演奏権を有していました。こういった堂上公家や特定の楽家の神楽演奏の独占権を剝奪することによって、まずは当時の地下の楽家の伶人すべてに神楽の習得と演奏の権利が付与され、増加した東京での神楽演奏の機会に迅速に対応できる体制が整えられたのです。このように明治政府による雅楽の管理は、まずは神楽演奏に焦点が当てられました（宮内庁書陵部『御沙汰留』明治三年二号）。これらの改革に伴い、近代の天皇が公式の場で自ら楽器を演奏するという伝統がなくなってしまいました（ただし、明治天皇は個人的には琵琶を好まれ、しばしば人前で奏でられたといいます）。

明治三年（一九七〇）の雅楽局の組織体制としては、雅楽長に五辻小弁、助に四辻宮内権大丞、綾小路侍従、大伶人十名、少伶人十名、伶生十五名、伶員などの人事がなされ、東京の雅楽局と京都出張雅楽課に配置されました。そして、既述のように、宮家と堂上公家が独占していた神楽を広く熟達したものに開放し、大曲・秘曲など一部の者にのみ伝承権があったものもすべて、いったん朝廷に返上させられました。また、東京・西京（京都）に「会邸（稽古所）」が置かれ技術の研鑽が奨励されました。このように雅楽伝承の新たな組織が設立されたうえで、明治四年（一八七一）、東京での初の践祚《せんそ》大嘗祭が行われました。神楽、国栖奏《くずそう》、風俗歌、久米舞、舞楽が、在東京の伶人と京都から上京した伶人たちによって共同で奏されました。

明治十年（一八七七）には、ついに京都出張雅楽課が廃止され、公的な雅楽演奏者の組織が東京に一元化されました。東西二都三十五名体制から、東京一都六十名体制となり、千年以上にわたって培われてきた畿内の雅楽演奏の伝統が断絶の危機に瀕することになりました。しかし、この危機を打開すべく、民間人によって天王寺楽所の伝統を引き継ぐ「雅亮会《がりようかい》」や南都楽所の伝統を引き継ぐ「奈良雅楽会」（後に社団法人「南都楽所」へ発展）が設立され、三方楽所の伝統そのものは今日まで維持されています。また、その他の大寺社の歴史的な行事での奏楽を受け持つ民間の雅楽団体も多く設立され、明治期に雅楽が一部公家と楽家の占有物ではなくなり、民間人にも開放されたことが、かえって畿内の雅楽伝承の危機を救うことになりました。

「楽部」における「近代」雅楽の形成

さて、公的な雅楽演奏が東京で一元管理されることになったことと軌を一にして、東京における三方楽所の組織や伝統自体も解体統合され、皇室祭祀に奉仕することに特化するべく新たに合理的に制度化された、いわば「近代」の雅楽が創設されることになりました。それぞれの楽所出身の伶人たちが常に合同で演奏することになったので、まず、各楽所で伝承されていた譜面や演奏法についてのすり合わせを行う必要が出てきました。そこで各楽所で演奏されている曲から取捨選択がなされ、雅楽曲として演奏する曲目の譜面と演奏法の記譜作業が進められました。いわゆる「明治撰定譜」の作成です。まず明治九年（一八七六）に第一次撰定として、神楽歌、東遊、倭歌、大直日歌、大歌など神道系の歌謡、催馬楽、朗詠と唐楽四十九曲、高麗楽十五曲が撰定されました。ついで、明治二十一年（一八八八）には第二次撰定が行われ、さらに唐楽三十四曲、高麗楽十曲が追加され、撰定譜が完成しました。この二回の撰定から漏れたかなりの数の曲が「遠楽」とされ、その後は演奏されなくなりました。また、それぞれの楽所の独特の演奏作法の多くも消滅することになり、神権天皇制の荘厳に特化した新しいスタイルの「近代」雅楽を、雅楽局伶人は伝承していくことになるのです。ただ、楽家によっては、楽家内の秘伝やその楽家が帰属していた楽所の伝承を保存していたものであり、官人としてではなく、私的な演奏会においては、その楽家の伝承の奏法を披露することもあったようです。

こうした大きな変動を経験した伶人たちは、さらに新たな課題を背負うことになりました。明治七年（一八七四）に、西洋諸国の国王誕生日を模した天長節の導入や、国賓の接遇にあたっての西洋諸国間の国際儀礼の採用が行われ、西洋音楽を演奏することが必要となったのです。

維新政府にとっての神権天皇制は、混乱した国内の諸勢力を統べる方策であると同時に、対外的には独立国家として主権性が確立していることを欧米列強に証する手段でもありました。日本が列強に認められるためには、万国公法を受け入れ、文明国家に生まれ変わることが必要でしたが、その過程で近代日本の象徴として天皇自身も「文明化」せざるをえなくなりました。それは、「天皇が欧州君主の「兄弟たりうる存在」になることを意味[108]」します。こうして、明治天皇は平安朝の大礼服を脱ぎ、軍服姿に着替え、乗馬をして活動的な君主へと生まれ変わり、そのライフスタイルを西洋風に変化させました。明治四年頃から、天皇は牛乳を飲み、獣肉を食し、西洋料理の晩餐会を楽しむようになり、洋服を着て椅子にかける生活をするようになります。明治五年（一八七二）の巡幸の際には、燕尾形のホック掛の正服を着て、騎馬で進みました[109]。

神権的天皇でありつつ西洋列強君主の兄弟へと天皇のあり方が変化するなかで、「神楽」に加えて西洋音楽である「欧州楽」も、天皇を荘厳する文明化のバロメータとして必須になってきたわけです。そしてこの「欧州楽」の習得と演奏は、雅楽局を引き継いだ当時の太政官内式部寮雅楽課の伶人に課されたのです。ここに宮廷の専任音楽官が日本古来の雅楽と西洋音楽双方を兼修するという世界的にも稀有な事例が起こりました。雅楽局の後身にあたる現在の宮内庁式部職楽部でも、楽師は専門の雅楽楽器と西洋音楽楽器を併修し（例えば篳篥とチェロなど）、しばしば西洋音楽の管弦楽を外国賓客の饗応の際に演奏します。雅楽と西洋音楽は元来、基本となる音のピッチが違うし、音楽的な思想が異なるので、

「欧州楽」の兼修は伶人たちに少なからぬ困惑をもたらしたようです。しかし、日本の伝統音楽の権威的存在にして、西洋音楽受容の最前線となった、雅楽課の伶人という日本でも特異な存在は、「欧州楽」の兼修によって日本音楽の新たな境地を切り開く原動力となっていきます。

まず、伶人によって雅楽音階に基づく「保育唱歌」の創作が始まります。「風車《かざぐるま》」や「冬燕居《ふゆのまどい》」など広く普及した保育唱歌などが伶人たちによって作られ、明治十三年（一八八〇）には、保育唱歌を雅楽稽古所の日課課目として伶人全員が講習することを、宮内省に届け出るようになりました。また、明治十二年（一八七九）には、当時西洋音楽の楽団は陸海軍の吹奏楽しかありませんでしたが、伶人たちは弦楽器を稽古し管弦楽を始めました。

さらに、伶人たちは、西洋音楽に通じることによって、吹奏楽による天皇礼式（Royal Salute）の原曲の作曲も手がけることになります。海軍では、外人の作曲した天皇礼式である「君が代」を用いていましたが、陸軍は独自の儀礼曲を持っていませんでした。明治十三年（一八八〇）に、海軍省は種々の儀礼曲の作曲を式部寮に依頼しました。雅楽音階で新たに曲を付けた天皇礼式「君が代」（林廣守撰譜、現在の国家「君が代」[110]）、将官礼式「海ゆかば」（東儀季芳作曲の第二次世界大戦中歌われた「海ゆかば」とは曲が違う）が作られ、フランツ・エッケルトが編曲を担当しました。明治十五年（一八八二）にも式部寮に依頼して、

『大君の』に雅楽音階で曲をつけ、編曲して吹奏楽用の儀礼曲に加えました。明治二十四年（一八九一）には、陸軍でも儀礼曲の作曲を宮内省式部職雅楽部に依頼して、翌明治二十五年（一八九二）に吹奏楽用の曲が編曲されました。

雅楽はもともと外来音楽を核とし、邦楽のうちでも音楽理論用語が豊富で器楽性にも富み、他の日本音楽種目に比べて西洋音楽との対応関係を築きやすい分野でした。それゆえ、伶人たちのみが、西洋音楽をモデルに、雅楽の音楽様式を素材にして、在来の日本音楽にはない近代の新しい歌謡形式を作り出すことができたのでした。明治の雅楽伶人は、西洋音楽の作曲ができる次世代が育つまで、宮廷を超えて、新しい歌づくりや日本的西洋音楽普及の最初の開拓者となったのです。

歪められた「雅楽のコスモロジー」とその回復

このような動向の中で、明治二十二年（一八八九）に大日本帝国憲法が発布されました。この憲法においては、臣民には「信教の自由」はあるが（第二十八条）、それは国体、すなわち「公」の秩序に背かない限りのものという制限がありました（第一条、第三条）。「信教の自由」や「思想・良心の自由」は「私」の事柄としてのみ許容されたのです。国体とは、

「神的な系譜に基づく統治が神代から現代まで引き続いてきた日本は、他の国々にない特別すぐれた神聖な国家のあり方をもっている[111]」という観念であり、明治政府がその依って立つ神権天皇制の根拠です。この観念を維持するべく明治政府によって整えられたのが「国家神道」であり、具体的には「皇室祭祀と伊勢神宮を頂点とする神社および神祇祭祀に高い価値を置き、神的な系譜を引き継ぐ天皇を神聖な存在として尊び、天皇中心の国体の維持、繁栄を願う思想と信仰実践のシステム[112]」であるといえます。明治三十三年（一九〇〇）には、宗教行政を掌った内務省社寺局は、神社局と宗教局に分離し、神社神道は、国家神道という「宗教ではない祭祀」を司る集団として位置づけられました。こうして、社会の中に「公」と「私」の二重構造を持つ「宗教地形（世界観構造）」（島薗進）が出来上がりました。

国家神道システム構築のために、神祇儀礼から仏教的要素が徹底して排除され、さらに神祇信仰自体も皇室祭祀と伊勢神宮を頂点とする信仰体系に秩序化されました。すでに見たように、神祇信仰はもちろん神代の神々への信仰や皇室祭祀だけではなく、それぞれの土地の祖先神や産土神、山岳信仰などを含む多様なものであったはずです。しかし、明治政府は、自然的な神々や仏教的神格に対する多様な崇拝を、「神仏分離・廃仏毀釈といった暴力的装置によって引き裂くことによって民族宗教としての〈固有〉なる神道を達成[113]」

しようとしました。廃仏毀釈運動は、浄土真宗を中心とする仏教諸宗派の抵抗があったり、一般民衆レベルの仏教的葬祭儀礼などの改変にまで及ばなかったことから、次第に収束していきました。しかし、強い組織力を持っていなかった修験道は廃止に追い込まれました。修験道は、日本に仏教が入ってきた直後から山岳信仰と結びついた神仏習合の原初形態でもあり、奈良時代以降どの時代においても民衆の神仏信仰の下支えとなっていたものでした。この修験道の廃止は、民衆の神仏への信仰心に少なからぬ混乱を引き起こしたはずです。さらに、明治政府は、素朴な民俗信仰も整理していきました。村々の神祠から、仏教的な要素が排除され、新たに天照大神など皇室祭祀に直結する神体へと祭祀神を変化させ、多くの小祠は統廃合され、村の氏神（産土神）のみを祀る一村一社制が押し進められたのです。

このような神祇信仰を土台とした「公」の宗教領域の確立は、場合によっては、神祇不拝を旨とする浄土真宗門徒においてすら、「皇道」や「臣道」にあたる天皇崇敬と真宗信仰としての「信心」を共存せしめることを甘受させることとなりました。真宗門徒には、「公的な場面では「皇道」に即した態度をとり、私的な場面では「信心」に即した振る舞いが求められて」(114)いたのです。それゆえ、それまで、互いに混り合わない、仏教的な核（浄土真宗）と神道的な核（仏教を排した皇室祭祀及び神宮祭祀）の二つの銀河が混淆して作られていた日本宗教の宇宙では、権力によって支えられた公的な宗教ともいうべき国家神道によって、神道的な銀河から仏教的な要素が排除され、また、国家神道によって両者の銀河の動きが統制されるという「宗教地形」ができたのです。

明治期を通じて深化した、このような日本の「宗教地形の二重構造化」（島薗）は、当然のことながら、雅楽のコスモロジーにも甚大な影響を与えました。すでに見たように、雅楽は宮内省という国家神道を推進する政府の一部に組み込まれ、「皇国伝来の音楽」として、一義的に、天皇の神聖さを演出し、皇室祭祀を表象するものとされました。諸仏を供養する音楽という聖徳太子以来の雅楽の表象は、「公」の領域では極力抑圧されることになります。さらには、伊勢神宮を頂点として整理統合された神社組織の存在を前提として、雅楽はその秩序内の各神社に普及浸透すべきものとされました。それまでの雅楽が、大寺社の儀式楽や一部の上流階級や美意識を満足させるものとして伝承されていたことと比べれば大きな転換です。雅楽は、皇室祭祀を頂点とした、「公」の宗教としての国家神道に組み込まれた音楽として、さしあたっては、神道祭祀を中核とする「公」宗教領域の宗教儀礼表象のみを表現・維持すべき役割を担わされたのです。この変動は、雅楽界にとっては、必ずしも好ましいことではなかったはずです。しかし、雅楽が、国家による正統な音楽という意味での「雅楽」としてのアイデンティティを保つためには、この変動は、担い耐えねばならないものでした。

こうして雅楽は、「皇室伝来の音楽」として、さらには西洋音楽の装いに身を潜ませて、「公」の宗教である国家神道に基づく神権天皇制および国体をのみ荘厳する式楽になっていきます。その結晶の一つが、昭和十六年十一月十日に内閣が主催した「紀元二千六百年式典」と、翌十一日の「恩賜財団紀元二千六百年奉祝会」（総裁：昭和天皇の弟宮・秩父宮雍仁《ちちぶのみややすひと》親王、副総裁：内閣総理大臣・近衛文麿《ふみまろ》、会長：徳川宗家第十六代当主・徳川家達《いえさと》）主催の「奉祝会」でしょう。この式典と奉祝会は、式典勅語にあるように「我が惟神《かんながら》の大道」を「内外に顕揚して、以て人類の福祉と万邦の協和とに寄与するあらんこと」を期するためのもので、「神国日本」の国体が神意に基づくべきことを確認する国家神道の行事でした。この式典と奉祝会には、昭和天皇・香淳皇后臨席のもと、宮城外苑で挙行され、式典のために寝殿造の会場がわざわざ造営されました。式次第は下記のとおりです。

・式典（政府主催）
天皇・皇后出御　この間「君が代」吹奏楽
一同　国家「君が代」斉唱、吹奏楽伴奏
内閣総理大臣（近衛文麿）寿詞

天皇の勅語
東京音楽学校生徒による「紀元二千年頌歌」斉唱　吹奏楽伴奏
「万歳」
入御の際「君が代」吹奏楽

・奉祝会（「奉祝会」主催）
天皇・皇后出御　この間「君が代」吹奏楽
一同　国家「君が代」斉唱　吹奏楽伴奏
奉祝会総裁祝詞、外国使臣首席奉祝詞
天皇の勅語
宴会
宮内省楽部による紀元二千六百年奉祝舞楽「悠久」
陸海軍軍楽隊の奉祝音楽「大歓喜」「紀元二千六百年頌歌行進曲」「奉祝讃歌」
全国学生生徒代表二千余名による奉祝国民歌「紀元二千六百年」　吹奏楽伴奏
入御の際「君が代」吹奏楽

寺内直子氏はこの式典について次のように述べています。

右の式典、奉祝会の音楽は、新作舞楽「悠久」を除けば、全体に軍楽隊の活躍が目立つ。しかし、演奏されている曲目を見ると、「君が代」や「奉祝讃歌」などは日本的旋律に基づいていた。「奉祝讃歌」は山田耕作、信時潔作曲、海軍軍楽隊の内藤清五編曲で、「越天楽」「紀元節唱歌」を主要な旋律としていた。(115)

この式典のために、宮内省楽師多忠朝《おおのただとも》によって新作舞楽「悠久」が作舞され、また、巫女神楽「浦安の舞」が考案されています。「紀元二千六百年祝典記録」によれば、宮内省に千年以上にわたり保存されて来た舞楽は「我が国伝統文化にして悠久なる我が光輝ある国体を表象する音楽」であり、「新生命」を与えた舞楽を創ることを企図したとされています。「悠久」は、神楽歌や東遊に類する古典風の歌曲に合わせて、従来の唐楽の伴奏によって舞うものであり、舞ぶりは歌詞の意味が読み取りやすいように作られました。「浦安の舞」は、ただ作成されただけではなく、一般の神社に普及せしめ、敬神の精神の発揚と国体の認識を深めるために、神社の氏子の若者に舞わせることが企図されました。そのために宮内省の楽師が地方へ派遣され、各地の神社から推薦された者に対して、紀元節に向けた一か月半ほどの短時間の間に約二千人の舞人が育成されたのです。この際の忠朝の言葉に、宮内省を中心として形成された、当時の雅楽の役割がどのようなものであったかが、如実に現れています。

我が国体の本源を語るものは、即ち神社の存在であります。故に祖先の祭りを尊重し、神社の崇高尊厳を期して国家の隆盛を祈るには、これ即ち祖先崇拝の大儀に即応する我れ等神州民族の先天的観念でありまして、正に我が神州民族の誇りとする所以であります。故に国体と神社、神社と祭祀、祭祀と音楽と相連して整然たる光輝あらしむべく務むるは将に国家的事業であらねばならないと私は堅く信じるのであります(116)。

この多忠朝の言説は、彼自身が当時の官吏であるから当然のことなのではありますが、国家神道システム内における雅楽の機能についての端的な表現であるといえましょう。ここには、雅楽を奏することによって春日社の神々を崇敬しつつも浄土往生を願った鎌倉時代の狛近真とはまったく異質な雅楽観や宗教観が表現されているといえましょう。

それでは、「私」的な宗教領域では雅楽は絶えたのかというとそうではありません。廃仏毀釈から立ち直った仏教界では、江戸期以来の儀軌（儀式規則）の復興の努力を始めま

『雅亮会稽古図 明治42年』（菅楯彦画　願泉寺蔵）

した。例えば、天王寺楽所が伝承してきた聖霊会は、明治十二年から断続的に、明治十七年に民間伝承団体である「雅亮会《がりょうかい》」が設立されてからはほぼ毎年、盛儀に行われるように復興されました。その際、舞楽は、法要終了後の入調舞楽こそ削減されたものの、法要部における舞楽は従来通り上演され、舞楽四箇法要の形態と、天王寺舞楽独特の舞楽の舞態も、厳格に伝承されていきます。聖霊会舞楽大法要は古代の仏教法会を引き継ぐものとして神仏習合的な意味合いのものを多く保存しており、その意味では、むしろ「私」宗教領域での雅楽伝承としては、平安末期に成立した雅楽のコスモロジーの表象を、より忠実に伝承しているものといえましょう。また、国家神道も、その秩序を否定されない限り「私」宗教領域を認めました。それゆえ、この「私」宗教領域が式楽として維持したそれぞれの伝統的な雅楽を廃絶させるところにまでは踏み込まなかったようです。このように、雅楽のコスモロジーは、平安末期以来の神仏習合の伝統的なコスモロジーを包摂した「私」宗教領域の雅楽と、仏教を排除し皇室祭祀に奉仕するという新たに設置された「公」宗教領域の雅楽とに分裂したのです。

ただし、雅楽の場合は、近代政治制度の領域と異なって、単純に「公」「私」の区分で議論できない部分があります。「公」の雅楽は、「皇室祭祀」に奉仕することを究極的な目標とするために、組織設計にとどまらず、その演奏形態に至るまで強力な権力によって統制されました。このような統制は、それまでの雅楽界における権威・権力との関わりとは異質のものです。つまり、「公」の雅楽には、江戸期までの「雅楽」とのある種の断絶が生じたのです。宮内省の雅楽局は、畿内の寺社の伝統的儀礼や各楽所固有の伝統ともいったんは切り離され、もっぱら皇室祭祀・神道祭祀に仕える楽団として新しく再編され直されました。それゆえ、奏法や演奏曲を共有する明治撰定譜が制定され、多くの楽曲が演奏されなくなり、また、多くの各楽所の演奏故実も採択されませんでした。当然のことながら、仏教的雅楽の要素は極力抑制されました。本来、鎮護国家仏教とともに雅楽の前身である外来音楽が取り入れられたことを思い起こせば、日本雅楽の由来自体を忘却せしめるような改革であったといわざるをえないでしょう。演奏の舞台も、屋内での外国公使や貴人の接受のためのものが多くなり、野外での一般民衆に公開される宗教行事としての演奏は激減しました。日本の「公」領域の雅楽として、新しい「近代」雅楽が構成されたのです。江戸幕府が、従来の楽所の制度や演奏形態をそのまま追認しつつ緩やかに制度化したことと比較すれば、明治政府が雅楽に対し、いかに国家目標に適う限りの「合理的」な扱いをしたかがわかることでしょう。

他方、「私」領域での雅楽は、もっぱら仏教儀礼の中で、近代以前との継続性を保ちつつ伝承されました。先ほども見たように、旧楽家から舞の伝授を受けた者を中心に「雅亮会」が結成され、四天王寺の聖霊会は、古代から変わらない極楽浄土の音楽という雅楽のコスモロジーを伝承しつづけているし、法要作法の随所に神仏習合的な要素を残しています。また、浄土真宗は元来神祇不拝であったがゆえに廃仏毀釈の大きなダメージを受けず、むしろ西本願寺（本願寺派）においては、明治以降に本山に勤式《ごんしき》指導所を設置し、一般僧侶にも法要式楽としての雅楽を積極的に教習せしめています。また、東本願寺（大谷派）でも、法要における雅楽演奏を重視し、「楽僧」制度を設けて、一定以上の雅楽演奏の技量を持つ者にのみ御正忌《ごしょうき》報恩講《ほうおんこう》の法要楽の演奏を許可する制度を設けるなど、雅楽演奏の向上を奨励しています。こうした聖霊会をはじめ大きな法会における仏教的雅楽は、仏教荘厳の雅楽という古来の雅楽のコスモロジーの一部をよく維持していますし、元来から仏教法会に融合・浸透していた神道的なコンセプトも、あえて排除することなく保存しています。また、上記の浄土真宗系の教団においても、「浄土の音楽としての雅楽」という、雅楽のコスモロジーの理念の一極を依然として維持しています。

その意味では、「私」宗教領域での雅楽伝承の方が、雅楽の歴史的な伝承としては自然な形態であるといえるでしょう。しかし、従来の伝承者であった楽家の伶人はほぼすべて「公」領域の伝承に移籍しました（「公」領域においても、「楽家」以外の者でも楽師になりうるように制度化されてはいましたが）。それゆえ、為政者が制度化する音楽が「雅楽」である、という観念に従えば、国家神道としての「公」宗教領域で伝承される雅楽のみが、まさに雅正の音楽である「雅楽」である、といえることになります。とすれば、「私」宗教領域での雅楽の伝承は、にわかには「雅楽」である、と断定できないものとなります。人工的なコスモロジーに依拠する「公」領域の雅楽と、自然な古来のコスモロジーを伝承しつつも公的には認知されない「私」領域の雅楽とに分裂する、という明治期以降の雅楽のコスモロジーは非常に複雑で悲劇的な状況に陥ってしまったといえるでしょう。

第二次世界大戦の後に、ＧＨＱによって発布された「神道指令」（一九四六）によって、国家神道は「国家ヨリ分離スル」こととなり、「非宗教的ナル国家的祭祀トシテ類別セラレタル神道ノ一派」である「国家神道乃至神社神道」は、制度的には解体されることとなりました。また、いわゆる「人間宣言」（一九四七）によって、天皇が「現御神《あきつみかみ》」であることは否定されました。しかしながら、天皇が「神の裔《すえ》」である、ということまでは否定されませんでした。また、制度的組織としての国家神道は解体されましたが、全国の神社群が民間団体として再組織化を行い神社本庁が設立されています。その「神社本庁憲章」の冒頭の三条から見てもわかるように、民間の神社神道の充実に意を用いつつも、それにもまして、「皇室祭祀や天皇崇敬の地位を高めることに多大な力」を注ぐことに意を用いています。そして実際のところ、皇室祭祀は戦前のものがほぼそのまま継承維持されています。それゆえ、島薗進氏によれば、「実は国家神道は解体していない」(117)のです。島薗氏は、フランスの哲学者のロラン・バルトが『表徴の帝国』において、天皇の存在感について、神聖なる「無」としての「空虚な中心」と評することに関連して次のように述べています。

「空虚な中心」と見えたものは実は空虚ではない。明治維新から一九四五年まで、それはある意味で「主軸なる中心」だった。そして、戦後から現在に至るまでも、そこでは皇室祭祀が行われている。皇室祭祀は日本の宗教文化、精神文化にさまざまな影響を与え続けている。そして皇室祭祀を重要な拠り所としながら、国家神道を強化しようとする運動や国体論的な言説が再生産され続けている。薄められた形であるが、明治維新前後から形成されていった国家神道はなおも存続している。[118]

確かに、現代においても、宮内庁においては皇室祭祀の位置づけは戦前と大きく変わっておらず、祭祀における雅楽の宗教的な位置づけについても、歴史的な経緯において社寺や朝廷を通じて様々な神仏に仕えていていたにもかかわらず、皇室祭祀に関わる式部職の宮内庁公務員である楽部楽師の多くは、当然のことですが、現代においても「皇室の神事に奉仕することが第一の任務[119]」と考えておられます。各神社における祭祀のあり方も、戦前と同じく皇室祭祀に基軸を合わせたものを基本としています。日本国憲法が天皇制を含み持ち、島薗氏が指摘するように皇室祭祀が事実上の政治性をもっているとするならば、薄められたとはいえ戦前の「宗教地形」はこれからも当面は維持され、雅楽のコスモロジーの分裂・複雑化が、完全に修復することは難しいでしょう。

しかしながら、「公」「私」の宗教領域の区分が制度上撤廃されたことによって、現行制度の枠内で、雅楽のコスモロジーが自然な形に戻ろうとする動きも次第に生じ始めています。例えば、住吉大社は、第二次世界大戦後から、近世に密接な関係にあった天王寺楽所

雅楽のコスモロジーの基盤変動

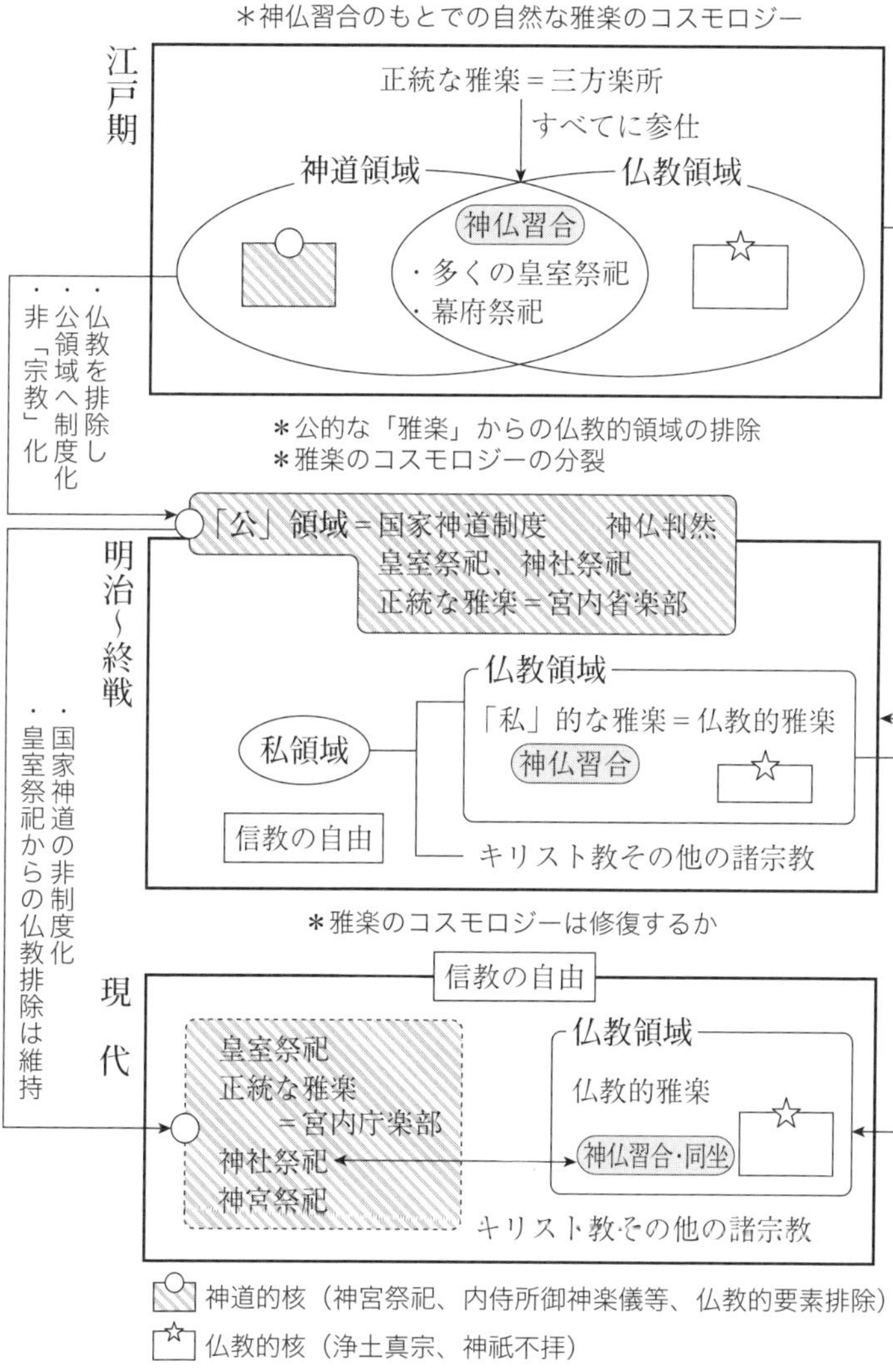

との関係を取り戻し、皇室祭祀には直接関係のない、卯の葉神事（住吉大社の創立記念日の神事）奉納舞楽と中秋の名月の日の観月祭舞楽を設け、天王寺楽所に舞楽奉納を依頼しています。また、雅楽の専門的研究者や宮内庁式部職楽長経験者の中でも、現在の雅楽の観念が「近代」という型にあてはめられた限定的な「近代雅楽」ではないのかという内省が生じてきており[120]、明治期に抜け落ちた仏教と雅楽の関係、さらには神仏習合の宗教性と雅楽の関係を見直し、雅楽が元来有していた宗教性の本質を問い直そうという動きも出てきています。

本書では、こういった内省のもとに雅楽のコスモロジーの変遷を検証してきました。さらに雅楽の音楽性の背後にある宗教性についての議論を深めていくことが、今後も求められていくことでしょう。宗教学の領域においても、日本における新しい形の神仏習合が提唱されています[121]。日本宗教の根底に潜む霊性は、それぞれ相容れぬ核を持つ神道と仏教とを習合せしめてきました。雅楽は、この日本宗教の霊性の展開と並行して、その薫習を受けつつ形成されました。そのような霊性を含み持つ雅楽のコスモロジーを議論していくことを通じて、今後の新しい日本宗教における霊性のあり方についても、有効な示唆を見出していくことができるのではないでしょうか。

注

（1）吉川良和『中国音楽と芸能―非文字文化の探究―』、創文社、二〇〇三年、七頁参照。

（2）『荀子』金谷治訳注、岩波文庫、一九六二年、八二～八三頁。この書には『荀子』の書き下し文も並記されている。

（3）古代中国の楽論としては、『礼記』の「楽記」が重要だが、近年は、同様の内容を含む『荀子』の「楽論」の方が時代的に早期に属すとされている（吉川良和『中国音楽と芸能』、九頁）。そこで本書は「楽論」にたちいって考察することとする。なお、以下の記述は、卞崇道「『荀子』における礼楽思想の分析」（小島康敬編『「礼楽」文化―東アジアの教養―』、二〇一三年収録）に多くを負っている。

（4）『荀子』金谷治訳注、一一二～一一三頁。

（5）同上、一一三頁。

（6）同上、一一三頁。

（7）「礼」の背後にある「聖なるもの」については、上掲の『「礼楽」文化』三九五～三九七頁参照。

（8）「雅楽寮」の成立年代については、荻美津夫『日本古代音楽史論』、吉川弘文館、一九七七年、二〇六～二〇九頁参照。

（9）それゆえ、日本の神観におけるタマとは、タイラーが提唱した合理的なアニミズムにおけるアニマというよりは、超越的な力であるマナのようなものに近いように思える。マナとは、民俗学者のR・H・コドリントン（一八三〇～一九二二）がメラネシアで発見した超自然的な力で、その著『メラネシア人』（一八九一）において現地語を用いてそのままマナ（mana）と名付けて、紹介している。マナは、それを所有し支配すれば大きな利益を得るような作用をする超自然的な呪力を持った力で（物理的な力とは異なる）、転移性や伝染性を持つ。例えば、部族間の戦いに勝った場合、それは兵力や戦略によるのではなく、精霊や死んだ戦士のマナを得たから、と解釈する。もっとも、タマは、没個性的な力というものではなく、輪郭が曖昧ではあるが、なんらかの相貌を持つ力でもある。こうしたタマの存在が如実に感ぜられたのは、生殖の神秘であり、人の死であった。そこにはタマの移動があり、強力なタマこそが姿なきカミであった。

(10) 『古事記』によれば、伊耶那美尊は、次々と島々や神々を産んで国土を形成していくが、最後に火の神を産むことによって女性器が焼けただれて病み伏して死ぬ。その際に、嘔吐物からは金山毘古神、金山毘売神が、屎から波邇夜須毘古神、波邇夜須毘売神、尿からは弥都波能売神、和久産巣日神が生まれたとされる。上野誠は、『日本人にとって聖なるものとは何か―神と自然の古代学―』(中公新書、二〇二一年、一九～二〇頁)において、尿から生まれた和久産巣日神が、豊かなる食物を生み出す女性神の豊宇気毘売神といわれると記載されていることから、糞尿が堆肥となって食物を生み出すことの神話的表現であるとし、「国土を生み続けた女性神が火の神を生み、病を得て、その後に排泄した排泄物。その排泄物たちも、神となり、尿の神の子が、食べ物の神となるのである」と解釈する。

(11) 上田正昭「神楽の命脈」、芸能史研究会編『神楽―古代の歌舞とまつり―』、一九六九年、平凡社、二六～二七頁参照。

(12) 同上、三四頁参照。

(13) 次田真幸訳注『古事記』(中)、講談社学術文庫、一九七〇年、一八二頁による。

(14) 荻美津夫『日本古代音楽史論』、吉川弘文館、一九七七年、三二一～四二頁参照。

(15) 折口信夫『日本藝能史六講』、講談社学術文庫、一九九一年、三九頁。

(16) 折口の「鎮魂」概念を、学説史の中で適確に位置づけて浮き彫りにした業績に、津城寛文『折口信夫の鎮魂論―研究史的位相と歌人の身体感覚―』(春秋社、一九九〇年)がある。この書で津城は、折口の鎮魂概念を端的にまとめて次のようにいう。彼の鎮魂概念には、「霊魂が身体に附着してきたり、体内で増殖したり分割して外に出たりするという霊魂信仰があり、またそうした霊魂の運動を起こすよう機能する神の技術、あるいは機能そのものがあるという「産霊《むすび》」の信仰」があることを指摘したうえで、折口は「その信仰にもとづき人間の側で様々な手段を講じて行う呪術があり、それを「鎮魂」とよんだ」という。すなわち、「鎮魂とは人間がある呪術によって、魂が触れ、殖え、鎮まることを期待することであり、それを正確な技術により成就し、魂を実際に触れさせ、殖やし、鎮めるのは産霊の神の職掌にかかることなのである」(四九〜五〇頁)。「産霊」の信仰が潜むことが折口の鎮魂概念の大きな特徴なのであるが、本論で用いる鎮魂の概念はそこまで詳しくは立ち入らない。

(17) 『四天王寺史料』(棚橋利光編、清文堂出版、一九九三年)中、「摂州四天王寺年中行事」(二七〇頁)および「四天王寺三大手文」(三二一頁)によれば、「御供物」(伏免曲《ぶとまがり》)は一束七つとなって、百二十六あるのだが、楽所に十八束下賜せられ、左右楽頭に二十一、安摩・蘇利古の舞人が一つずつもらえる。残り七十七を楽頭以外の出勤者で分けることになっている。そのうち「触穢重服の人」がある場合には配当せず、その分は安摩・蘇利古の舞人に加増する、と細かく定められている。雑面を着ける舞人には、特別な待遇がなされている。

(18) 上田正昭『古代の道教と朝鮮文化』、人文書院、一九八九年、一六七〜一九三頁に外来の神と日本の神観念が重層化していた状況について詳細な記述がある。

(19) 上田正昭「神楽の命脈」、『神楽』、一八〜二四頁参照。

(20) 林家辰三郎編『古代中世芸術論』、岩波書店、一九七三年、八八〜八九頁。

(21) 新川登亀男、『日本古代の儀礼と表現―アジアの中の政治文化―』、吉川弘文館、一九九九年、三三八頁。

(22) 仏哲らが伝えた「林邑八楽」の曲名には古来諸説があって定まっていない。「菩薩」「迦陵頻」「抜頭」「陪臚」は源博雅『新撰楽譜』、源為憲『口遊』など十世紀の複数の楽書に記載がある。また、これらのほかに「安摩・二の舞」「萬秋楽」「陵王」「胡飲酒」なども「林邑八楽」として挙げられることがある。「とびこな」と読むとの説もあり、確定していない。
(23)
(24) 林屋辰三郎『中世芸能史の研究―古代からの継承と創造―』、岩波書店、一九六一年、一三七頁。
(25) 服藤早苗『平安王朝の五節舞姫・童女―天皇と大嘗祭・新嘗祭―』、塙書房、二〇一五年、一八～三三頁。
(26) 土橋寛『古代歌謡と儀礼の研究』、岩波書店、一九六五年、四〇三頁参照。
(27) 沖本幸子『乱舞の中世―白拍子・乱拍子・猿楽―』、吉川弘文館、二〇一六年、八～一三頁参照。
(28) 林屋辰三郎『中世芸能史の研究』、二九九頁参照。
(29) 村山修一『神仏習合の聖地』、法藏館、二〇〇六年、七頁。
(30) 逵日出典『八幡神と神仏習合』、講談社現代新書、二〇〇七年、一三一頁。
(31) 伊藤聡『神道とは何か―神と仏の日本史―』、中公新書、二〇一二年、三七～三八頁参照
(32) 楽制改革時に創造的な活躍をした楽人たちの詳細については、磯水絵氏が『説話と横笛―平安京の管絃と楽人―』（勉誠出版、二〇一六年）において平易な筆致で紹介されている。
(33) 大戸清上については、雅楽寮の楽人であったかは不明。「地下伝来」記載の雅楽寮に奉仕した楽人の系譜に名前が出てこない。『日本三代実録』の記載によれば、承和五年（八三八年）に派遣された遣唐使となり入唐を果たしたが、帰朝の折に、船が南海に漂着し、現地の賊に殺された。
(34) それぞれの天皇が嗜んだ雅楽楽器については、豊永聡美『天皇の音楽史―古代・中世の帝王学―』（吉川弘文館、二〇一七年）にコンパクトにまとめられている。
(35) 義江彰夫『神仏習合』、岩波書店、一九九六年、七五頁。
(36) 同上、七六頁。
(37) 同上、七七頁。
(38) 『続日本紀』の天平二年（七三〇）九月の記述に、行基集団を指すと思われる者たちが「京に

近い東方の丘に、多人数を集めて妖しげなことを言い、衆人を惑わせ」たり、インド由来の呪術的な作法を行ったりしている、という記述がある。

(39) 義江彰夫『神仏習合』、九三頁。

(40) 波平恵美子『ケガレ』、講談社学術文庫、二〇〇九年、三五頁。岡田重精氏の見解の引用部分であるが、波平氏も特に異論を呈示されていない。

(41) 義江彰夫『神仏習合』、一五六頁。

(42) 中村元『古典を読む～往生要集』、岩波書店(同時代ライブラリー版)、一九九六年、二一頁。中村元氏の指摘によれば、源信は小乗仏教の地獄論の基本となった『倶舎論』にも当然、習熟しており、この書への依拠は『往生要集』には明記されていないが、参考にしているとされる。

(43) 道元徹心編『天台』、自照社出版、二〇一二年、一三五頁参照。

(44) 荻美津夫『古代中世音楽史の研究』、吉川弘文館、二〇〇七年、一〇三～一〇四頁参照。荻美津夫氏は、この書で同じく乱声を伴奏として、儀礼の冒頭で舞われる舞の振鉾が持っている呪術性にも言及しておられる。

(45) 『古事記』には、オオクニヌシノミコトがスサノオノミコトの持ち物である天の沼琴を取り出して逃げ出したエピソードが見える。『常陸国風土記』はタケカシマノミコトが天の鳥琴や天の鳥笛などを奏したことを告げ、『出雲国風土記』には出雲の琴引山は、オオクニヌシノミコトの琴が置かれていたことからこの名になったとの記述がある。

(46) 西村冏紹編『順次往生講式と管絃講』(天台真盛宗教学部、二〇一〇年)に収録されている(二一～四七頁)知恩院版に依る。

(47) 元来、雅楽の曲名としては、想仏恋は想夫恋あるいは相府蓮、往生急は皇麞急が正しいが、ここでは仏事に関連するように、漢字が置き換えられている。

(48) 天台大師智顗の講説を章安大師灌頂が『法華玄義』として纏めた。その冒頭の灌頂が作ったといわれる「私序王」に「声為仏事」が見える。題目の「妙法蓮華経」を一文字ずつ解釈して、「経」の文字に対応して「声、仏事をなす。これを称して経となす」と説かれる。様々な解釈が可能であるが、この文言に仮託して、声楽や音楽演奏には仏法を込めることができ、それを奏する者、聴く者を、それぞれ悟りへと導くことができる、という音楽成仏思想が展開された。

(49) 木村紀子訳注『催馬楽』、東洋文庫、二〇〇六年、四頁。

(50) 木村紀子訳注『催馬楽』、冒頭文「さいばらへの誘い」および巻末の「解説」参照。

(51) 南谷美保「「管絃も往生の業となれり」――音楽往生という思想についての一考察」、『四天王寺国際仏教大学紀要』、文学部第三五号、二〇〇三年収録、五頁。

(52) 仏教を包摂しつつそれを超えたものとして神道を位置づける最初のまとまった神道教説は、渡《わた》会行忠《らいゆきただ》、渡会家行《わたらいいえゆき》によって、鎌倉時代後期から南北朝時代においてまとめあげられた伊勢神道を挙げることができる。外宮の豊受大神《とようけのおおかみ》を内宮の天照大神よりも根源的な神と考える立場で、密教から派生したといわれる両部神道（内宮を胎蔵界曼荼羅、外宮を金剛界曼荼羅に比す神道思想）も考慮に入れられている。伊勢神道は、奈良時代に遡るとされていた神道五部書に基づく教説であるが、現在ではこれらは鎌倉時代の偽作であることが判明している。これら神道理論を統合した吉田神道については、後に本文で言及される。仏家の方からは、『耀天記』（十三世紀前半）にみられる、日吉大社の意義を天台の理論によって説明しようとした山王神道がある。

(53) 東儀俊美・芝祐靖編『楽家類聚』、一七八頁。

(54) これが現代につながる年中行事としての内侍所（賢所）御神楽の始まりとなった。中本真人『宮廷御神楽芸能史』、新典社、二〇一三年、三五一～三五六頁参照。なお、内侍所御神楽の開始時期またその恒例化の時期については諸説がある。一条朝において開始されたことについては概ね一致しているが、毎年十二月の恒例になった時期については、承保年中（『公事根源』）、永保以後（『江家年中行事』）、堀川天皇の寛治元年（一〇八七）（『中右記』）など、分かれている。

（55）月に三日卯の日がある場合は中卯の日に行われていたが、のちに、この場合でも下卯の日に行われるようになった。
（56）上田正昭「神楽の命脈」、芸能史研究会編『神楽』収録、一二一頁。
（57）土橋寛『古代歌謡と儀礼の研究』、二二四頁参照。
（58）同上、二二九頁。
（59）同上、二三一頁。
（60）上田正昭「神楽の命脈」、一二一頁。
（61）土橋寛『古代歌謡と儀礼の研究』、二四〇頁参照。
（62）伊藤聡『神道とは何か』、七四頁。
（63）ただし、星の部の最初の神楽歌「吉々利々」は、その詞章全体が意味不明であるが、「びゃくすとう　ちょうせつしんてう　しゃうじやうげや」の部分は「法華懺法」の晨朝偈の句「白衆等聴説　寅朝偈（中略）寅朝清浄　各誦六念」に由来しているといわれており、仏教の影響が皆無というわけではない。明治以降に催行されるようになった伊勢神宮の御神楽儀では、「吉々利々」に仏教的な要素や、アマテラス以外の明星神を讃える内容が含まれるので、この神楽歌と「木綿作」「得銭子」から構成される「星の部」の三曲は敬遠され割愛されている（嶋津宣史『神宮雅楽の伝統』伊勢神宮崇敬会叢書二〇、伊勢神宮崇敬会、二〇一五年、三八頁参照）。まさに神道的エートスの純粋性を芸能の上でも厳格に貫徹している。
（64）『一念多念文意』（現代語版）、本願寺出版社、二〇〇一年、二二六～二二七頁。
（65）林智康「親鸞の神祇観」、『九州龍谷短期大学紀要』第三二号、一九八六年、一九頁。この論文において、親鸞の神祇に関するテクストが丁寧に挙げられて、親鸞の神祇不拝と神祇護念の二つの姿勢が矛盾なく成立することが説かれている。
（66）ただ、生身の信仰実践者としては、阿弥陀仏の本願力を疑いなく信じることを貫徹することがいかに難しいことであるかを、親鸞は、自身の経験および門弟からの異議などによって実感していたとの指摘がある。小山聡子『親鸞の信仰と呪術―病気治療と臨終行儀―』、吉川弘文館、二〇一三年、第三章参照。

(67) 梯実圓『教行信証の宗教構造―真宗教義学体系―』、法藏館、二〇〇一年、七頁参照。

(68) 天皇が習得すべき雅楽楽器、すなわち帝器は時代によって変遷がある。醍醐・村上天皇の頃までは和琴、円融天皇から堀川天皇を経て高倉天皇の時代は笛、後鳥羽天皇の頃から、特に持明院統は琵琶を帝器として選び、後光厳天皇からは笙が習得されていく。また、「玄上」など皇室伝来の琵琶の名器を弾くことにより、院が天皇より権威を持っていくことを示したりすることもあった。詳しくは、前掲注(33)の豊永聡美『天皇の音楽史』を参照。

(69) 林屋辰三郎『中世芸能史の研究』、一九八頁　参照。

(70) そのまま「がくしょ」と読むべきとの説も近年有力になっている。本書はさしあたり従来の慣行に従って「がくそ」と読むことにする。

(71) すでに、延喜年間に楽所が成立していたとする説もある。荻美津夫『日本古代音楽史論』、二六六頁参照。

(72) 荻美津夫『平安朝音楽制度史』、吉川弘文館、一九九四年、一〇八頁参照。

(73) 南都楽所の成立については、笠置侃一「南都の雅楽」(『秋篠文化』第六号、秋篠音楽堂運営協議会編、二〇〇八年刊収録)が参考になる。

(74) 林屋辰三郎『中世芸能史の研究』、二四六〜二四七頁。

(75) 同上、二七五〜二七六頁。

(76) 原田佳子『厳島の祭礼と芸能の研究』、芙蓉書房出版、二〇一〇年、一一九頁参照。

(77) 村山修一『神仏習合の聖地』、法藏館、二〇〇六年、二四頁参照。

(78) 荻美津夫『古代中世音楽史の研究』、吉川弘文館、二〇〇七年、二六〇頁。

(79) 村山修一『神仏習合の聖地』、三一〜三二頁参照。
(80) 遠藤徹編『天野社舞楽曼荼羅供―描かれた高野山鎮守社丹生都比売神社遷宮の法楽―』、岩田書店、二〇一一年、一一頁。
(81) 同上、二五頁。
(82) 同上、二六頁。
(83) 原田佳子『厳島の祭礼と芸能の研究』、一二一〜一二三頁参照。
(84) 笠置侃一「南都における雅楽の伝承」、東儀俊美他編『楽家類聚』、東京書籍、収録、九〇〜九七頁参照。
(85) 林屋辰三郎編『古代中世芸術論』、岩波書店、一九七三年、一三〇頁。本書所収の『教訓抄』を筆者が、現代語のひらがな表記に書き直している。
(86) 船田淳一『神仏と儀礼の中世』、法藏館、二〇一一年、二〇八頁・二二九頁参照。
(87) 多川俊英「春日の神々と興福寺僧徒」、大和芸能懇話会編『春日若宮おん祭』、一九九八年版、収録、七頁。
(88) 荻美津夫『古代中世音楽史の研究』、九一〜九二頁。
(89) 三島暁子『天皇・将軍・地下楽人の室町音楽史』、思文閣出版、二〇一二年、五〜九頁参照。
(90) 池和田有紀「戦国期の楽人―山井氏の相剋から―」を参照（神野藤昭夫・多忠輝監修、『越境する雅楽文化』、書肆フローラ、二〇〇九年収録）。
(91) 応仁・文明の乱以降の京都方楽人の経済的困窮については、上記注（88）論文参照。
(92) 応仁の乱から江戸初期にかけての三方楽所成立過程については、山田淳平「近世三方楽所の成立過程」（日本伝統音楽研究センター研究紀要『日本伝統音楽研究』第一三号、二〇一六年収録）から優れた考察を得られる。
(93) 江戸期の天王寺楽人の経済的状況や四天王寺との紛議については、山崎竜洋、「近世中期における天王寺楽所の構造と四天王寺」（『市大日本史』第九号、二〇〇六年収録）参照。

(94) 南谷美保「日記から判明する東儀文均と辻近陳の稽古対象者の違い―嘉永・安政年間の三方楽所在京楽人の動向に関する一考察―」、『四天王寺大学紀要』、二〇一一年三月号所収、参照。

(95) 伊藤聡『神道とは何か』、一三八頁。

(96) 同上、二五〇〜二五一頁。

(97) 同上、二七八頁。

(98) 鎌田東二『神と仏の出逢う国』、角川書店、二〇〇九年、一七一頁。

(99) 同上、一七二頁。

(100) 伊藤聡『神道とは何か』、二八三頁。

(101) 同上、二八四頁。

(102) 『楽家類聚』、東京書籍、二〇〇六年、一八六頁。薗隆博氏は、楽部内での薗家が自分で絶えることを念頭に「この舞を誰かに伝えておかなければ」と告白している。現在、薗氏は退官しておられ、薗姓以外の楽師によって「蘇莫者」は伝承されている。

(103) 安丸良夫『神々の明治維新』、岩波書店、一九七九年、六七頁参照。

(104) 島薗進『国家神道と日本人』、岩波書店、二〇一〇年、二八頁。

(105) 塚原康子『明治国家と雅楽』、有志舎、二〇〇九年、一一頁。

(106) 寺内直子『雅楽の〈近代〉と〈現代〉―継承・普及・創造の軌跡―』、岩波書店、二〇一〇年、一一三頁にまとめられている塚原氏の研究成果を参照。

(107) 明治初期の楽人東儀文均の『楽所日記』にこの通達が記載されている。南谷美保「維新期の三方楽所を取り巻く環境―東儀文均の『楽所日記』に基づく考察―」、『四天王寺大学紀要』二〇〇八年、三二五頁、収録。もっとも、当時の外国外交官にとって雅楽は「奇妙な音」として捉えられていたようである（中山和芳、『ミカドの外交儀礼―明治天皇の時代―』、朝日選書、二〇〇七年、二〇〜二二頁参照)。
(108) ジョン・ブリーン『儀礼と権力　天皇の明治維新』、平凡社、二〇一一年、一二四頁。
(109) 安丸良夫『神々の明治維新』、一三八頁参照。
(110) 海軍省が宮内省に働きかけて、宮廷音楽家・伶人の長であった林廣守撰譜になる「君が代」が制定され、明治十三年十一月三日の天長節に宮中で初演された。唱歌教育普及のために文部省に設置された音楽取調掛が主導で讃美歌風の第二の「君が代」も制定され、二つの「君が代」が並立していた時代があったが、明治二十六年に文部省令によって林撰譜の現在の「君が代」に統一された(安田寛『「唱歌」という奇跡　十二の物語―讃美歌と近代化の間で―』、文春新書、二〇〇三年、第六章参照)。
(111) 島薗進『国家神道と日本人』、六一頁。
(112) 同上、五九頁。
(113) 伊藤聡『神道とは何か』、二八四頁。
(114) 島薗進『国家神道と日本人』、六〜七頁。
(115) 寺内直子『雅楽の〈近代〉と〈現代〉』、九七頁。
(116) 同上、一〇五頁。
(117) 同上、一八五頁。
(118) 同上、二二二頁。
(119) 『楽家類聚』、一九八頁。この書は現代の宮内庁式部職楽部に関わる、旧三方楽所の楽家出身楽師の言説集である。引用箇所は旧天王寺楽所出身の東儀勝氏の言葉であるが、他の楽師においても、最重要の任務として皇室祭祀への奉仕であることを認める言説が随所に見られる。
(120) 例えば、寺内直子氏は、宮内庁の楽部と天王寺楽所の伝統を引き継いだ四天王寺の雅亮会の伝承を比較して「芸能の文化の原理からすると、本来的には、どちらの伝承も等しく価値があり、どちらか一方だけが正しいとはいえない」とし、明治以降に生じた「「複数」の雅楽伝承の可能性」を論ずる（寺内直子『雅楽の〈近代〉と〈現代〉』、一三三頁）。

東儀道子氏は、明治政府の神仏分離令が「宮内省雅楽寮の機能から「仏・法讃歎供養」の雅楽を廃棄させた」ことを指摘し、聖霊会をはじめとする四天王寺の舞楽供養は、「仏・法讃歎供養」の精神をよく伝える「本来の雅楽の場」の一つとして挙げる（東儀道子『雅楽の心性・精神性と理想的音空間』、北樹出版、二〇一六年、一七八〜一八一頁）。

また、鈴木聖子氏は、田辺尚雄が進化論的な近代知によって「雅楽」の成立を規定し、国策に配慮して「「大東亜音楽」と同等かそれ以上の地位」を雅楽に与えていたことを検証している。さらに、田辺が作り出した近代知に基づく「雅楽」概念は、戦後も同様の論拠と研究成果を用いたまま、田辺自身によって、国際性と文化財価値を持った音楽と規定し直されることによって、とりわけ雅楽の文化財指定要件に大きな影響を及ぼしていて、宮内庁楽部の雅楽のみが「正統」とされ、文化財に値する「芸術的」な演奏をなしうることになっている事実へ注意を喚起させている（鈴木聖子『〈雅楽〉の誕生―田辺尚雄が見た大東亜の響き―』、春秋社、二〇一九年、「終章　雅楽の戦後」参照）。

雅楽演奏者としては、元宮内庁首席楽長で芸術院会員であった東儀俊美氏は、四天王寺聖霊会の舞楽を見て、宮内庁楽部の舞とおおいに異なることを発見して、熟考の末「どうも我々の舞いが変化したらしい」との結論に至られ、宮内庁楽部は、明治以前の天王寺楽人の舞い振りであった「「秦氏の舞」を東京遷都によって失ってしまった」と述べられている（東儀俊美『雅楽逍遥』、書肆フローラ、二〇一二年、一一六〜一一八頁）。

これらの論者のすべての指摘の根底には、本書が提示した明治以降の日本宗教および雅楽のコスモロジーの変動が潜んでいる。

(121)　例えば、鎌田東二氏の『神と仏の出逢う国』、角川選書、二〇〇九年。

雅楽年表

西暦	年号	「雅楽」形成の動き	歴史的事象および神仏習合の動き
五五二 あるいは 五三八	欽明天皇十三年 あるいは 宣化天皇三年		仏教伝来。ホトケを外来のカミの一つとして受容していくも、日本古来の神祇のみを崇敬する排仏派から反発。
五八七	用明二年		丁未の乱（物部戦争）により排仏派は排除される。
五九三	推古元年		聖徳太子により日本最初の官寺である四天王寺建立（仏教の国教化）。
六〇〇	推古八年	中国からの文化輸入が始まり、種々の外来音楽が後の遣唐使などを通じて将来する。	小野妹子を遣隋使として派遣。
六一二	推古二十年	聖徳太子が「伎楽」でもって仏教儀礼を荘厳せよと指示。 伝承によれば太子在世の頃は四天王寺で「法華会」が行われ、没後は「聖霊会」が催された。その際に四天王寺に楽団が置かれたという（後の天王寺楽所）。	
六七三〜 六八五	天武朝		律令制度導入と並行して伊勢神宮の儀礼に倣い大嘗祭など皇室儀礼が整えられていく。

六八五	天武天皇十四年	重篤な天皇に対して「招魂（鎮魂）」が行われる。後代の鎮魂儀に際しては神楽も行われた。	
六八九	持統三年	この頃から外来音楽の伝承演奏機関「雅楽寮」が整え始められたと思われる。	飛鳥浄御原令が施行される。
七〇一	大宝元年	治部省（朝廷儀礼や外国使節接受を司る）に「雅楽寮」設置が明確に見える。	大宝律令が制定され「神祇令」と「僧尼令」によって二つのカテゴリーで国家的に宗教を統制する。
七三六	天平八年	「歌舞所」が宮廷内に存在していた。	
七四九	天平勝宝元年	八幡神の大仏参拝の際に、種々の唐楽・渤海楽とともに田舞や久米舞など日本古来の歌舞も奏される。	大仏建立に協力した宇佐八幡神が大仏参拝のために奈良へ上京。東大寺へも守護神として勧請され手向山八幡宮が建立される。
七五二	天平勝宝四年	大仏に種々の外来音楽と並んで日本古来の歌舞も供えられる。	東大寺大仏開眼供養会。アマテラスの裔である聖武上皇以下皇室と百官が大仏の開眼を祝う。
七六三	天平宝字七年		多度大神が、仏教に帰依して神の身を離れたい旨託宣する。この後から神身離脱思想が広がり各地で神宮寺が建設される。

七六九	神護景雲三年		宇佐八幡宮託宣事件（道教事件）が起こる。
八〇九～八五〇	嵯峨・仁明朝	楽制の改変が始まる。大戸清上によって和製雅楽曲が作曲される。藤原貞敏が「玄上」など琵琶の名器を唐から持ち帰る。雅楽寮における古来の歌舞の比重は低下。この頃から衛府の奏楽や御遊が始まる。	唐風文化が華ひらく。
八二〇	弘仁十一年		『弘仁式』においてケガレ忌避のために物忌みが採用される。
八五九	貞観元年		石清水八幡宮護国寺が勅により建立される。宮寺体制がとられる。
八七〇年代	貞観年間	嘉祥元年（八四八）からこの頃までに左右両部制が制度化される。	『貞観式』『（貞観）儀式』においては、一定の重要な神事については仏事と別の体系でもって執行される規定が設けられている（神仏隔離）。
八八九	寛平元年	賀茂臨時祭始まる。社頭で東遊が行われ、内裏へ帰還して還立の御神楽が行われた。	
八九四	寛平六年		唐の混乱や日本文化の発達を理由として菅原道真の建議により遣唐使が停止された。以後、外来音楽の国風化が進む。

九二一	延喜二十一年	醍醐天皇の勅命で貞保親王（清和第四子）が『新撰横笛譜（南宮横笛譜）』を編纂。この頃には御遊が盛んになり、天皇はじめ高位貴族も演奏した。管絃、催馬楽の演奏スタイルが確立してくる。	
九四八	天暦二年	村上天皇の朝廷において、初めて内裏（大内）に楽所が置かれた記載が現れる。	
九八五	寛和元年		源信が『往生要集』を著す。
九九九〜一〇〇三	長保年間	南都楽所が形成される。	
一〇〇五	寛弘二年	内侍所で御神楽が初めて行われる。	
一〇五三	天喜元年	鳳凰堂の雲中菩薩は雅楽を奏している。	藤原頼道が平等院鳳凰堂を建てる。
	十一世紀後半		この頃から本地垂迹説を示す言説が現れる。
一〇七九または一〇九六	承暦三年または永長元年	永観が「往生講式」を作る。管絃講も盛んに行われていた。この頃二十五三昧式をもとに六道講式が作られる。	

一一〇〇	康和二年	山村吉貞、政連父子が多資忠、節方父子を殺害する。胡飲酒、採桑老、神楽の相承が絶えかけるが、堀川天皇の配慮により相続される。	
一一一四	永久二年	真源が「順次往生講式」を作成する。音楽成仏思想が盛行する。	
一一三四	長承三年		鳥羽天皇に随行した源師時が、熊野三山の各社の本地仏を問い合わせて書き留める（『長秋記』）。
一一三六	保延二年	春日若宮おん祭が初めて行われる。	
一一七七	治承元年	嚴島社で千僧供養が行われ、嚴島社に舞楽が導入される。	
一一七七〜一一八一	治承年間		後白河法皇が『梁塵秘抄』を編纂。垂迹した神に祈れば本地の仏・菩薩の効験も得られるとの信仰を含む。

あとがき

「迦陵頻《かりょうびん》」という童舞《わらべまい》の舞楽があります。幼稚園の年長クラスの時に、祖父にてほどきを受け、小学生一年生になりたての四月二十二日に四天王寺の石舞台で初めてこの舞を舞ったことが、私と「聖霊会《しょうりょうえ》」との出会いでした。聖霊会では迦陵頻の舞人たちは、ただ舞を舞うだけではありません。最初の行道《ぎょうどう》（お練《ね》り）にも加わりますし、六時堂内の聖徳太子像「楊枝《ようじ》の御影《みえい》」へのお供えを手渡しで運ぶ、法要中の儀式である「伝供《でんぐ》」にも参加します（本書四九頁参照）。お供えが盛られた大変重たい供物台を、介添えの楽行事さんに支えられながら、次の迦陵頻の童舞人に、こわごわ手渡ししていたことを覚えています。もちろん、聖霊会という法要の意味も、その中で「迦陵頻」という舞が占める役割も理解していませんでしたが、赤い曼殊沙華《まんじゅしゃげ》が舞台の四隅《よすみ》を飾り、絶えず雅楽音楽が流れ、声明《しょうみょう》を唱える僧侶や舞楽の舞人が入れ替わり舞台上で演ずる聖霊会は、私の仏世界の原風景になっています。

参仕の回数を重ねていくにつれ、仏様の世界を荘厳するには雅楽が必要であること、自分が文化財伝承の一端を担っていることを理解して、身の引き締まる思いが深まりました。また、大阪の住吉大社や今宮戎神社でも、同じ迦陵頻の舞を奉納させていただいたこともあり、神様の世界とも雅楽が深い関わりがあることを知りました。しかし、仏様と神様の儀礼は異なるけれど、そこで奏される雅楽・舞楽の曲がほとんど変わらないことが、なぜ許されるのだろうか、日本の仏様と神様というのはどのような関係にあるのだろうか、ということが子供心ながらに気になっていました。その後、慣行に従って、中学一年生の聖霊会で童舞はいったん卒業しましたが、日本の仏様と神様の関係、それら神仏と雅楽の関係、そして、それらを繋ぎ合わせている神秘的なものに惹《ひ》かれ続けていました。貴重な文化遺産である雅楽や聖霊会を次代へ受け継ぐということは、この神秘的なものを受け継いでいくことではないか、といつしか思うようになりました。

のちに、大学院で宗教学や哲学を専攻して研究するようになり、この神秘的なものを語るための多様な視点を得ることができました。平成二十六年に当時雅亮会《がりょうかい》の楽頭《がくとう》であった父が急逝して、私も天王寺楽所の伝統の伝承に大きな責任を担う立場となりました。これを機縁に、雅楽伝承の核心にある神秘を深く探索しようと考えました。機会があれば、その成果を文章にまとめたり、お話をさせていただいたりもしていました。その後、ご縁あって平成二十九年度と三十年度に京都大学大学院文学研究科日本哲学史専修において、雅楽とその背景となった法要や神事が含み持つコスモロジーについて講ずる機会をいただきました。その講義を行っていく過程で、纏《まと》めていったのが本書です。

もとより雅楽には多様な要素がありますが、概していうと、国家によって権威づけられているという正統性、芸能として含み持つ芸術性、日本宗教式楽としての伝統的宗教性の、三つの柱があるのではないかと思います。どれか一つを強調して雅楽であると主張することもできますが、どれ一つとして無視はできない要素であると思います。本書が、少しでも雅楽の伝統的宗教性について議論することに役立つことができれば、望外の幸いです。

本書の出版に際して、荻野薫氏、三木雅之氏、東儀道子氏をはじめ多くの方から掲載写真についての御協力を賜りました。また、法藏館編集長の戸城三千代氏には、企画段階からたくさんのご示唆をいただき、出版にまでお導きいただきました。関係者の皆様に心より御礼申し上げます。

令和元年九月

索　引

あ行──

か行──

さ行——

た行——

な行――

は行――

ま行――

や行——

ら行——

わ行——

小野　真龍（おの　しんりゅう）

1965年、小野妹子の八男多嘉麿が開基であり、雅亮会の事務所が置かれる大阪木津の願泉寺に生まれる。幼少より四天王寺「聖霊会の舞楽」の童舞の舞人を務め、天王寺楽人の道へ。京都大学文学研究科博士課程（宗教学）を修了。宗教哲学の研究で京都大学博士（文学）となり、2008年より2016年まで相愛大学人文学部特任准教授を務める。

他方、雅楽演奏者としても研鑽を積み、1993年より天王寺舞楽を伝承する雅亮会の会員となり、聖霊会をはじめとする四天王寺の由縁の舞台や、住吉大社、嚴島神社をベースに、雅楽演奏・演舞活動を行う。またフェスティバルホールでの雅亮会の定期演奏会にも毎年参加し、ヨーロッパ各国での海外演奏経験も豊富である。雅亮会の後継者育成機関や、相愛大学、浄土真宗本願寺派勤式指導所等で雅楽実技を指導している。

現在は、浄土真宗本願寺派願泉寺住職、天王寺舞楽協会常任理事、雅亮会副理事長（2019年12月より）。京都大学大学院や龍谷大学大学院で、雅楽の背景をなす日本思想や、仏教音楽論、宗教儀礼論を講じている。

主な著書・論文：『ハイデッガー研究』（京都大学学術出版社：日本宗教学会受賞）、「西谷啓治とアリストテレス」、「浄土真宗の儀礼観と音楽」、「仏教儀礼論の端緒――E.カッシーラー、T.アサドを手掛かりに」、「天王寺舞楽～浪速に残る最古の古典芸能」

雅《が》楽《がく》のコスモロジー
――日《に》本《ほん》宗《しゅう》教《きょう》式《しき》楽《がく》の精神史《せいしんし》

二〇一九年一〇月一〇日　初版第一刷発行

著　者　小野真龍
発行者　西村明高
発行所　株式会社　法藏館
京都市下京区正面通烏丸東入
郵便番号　六〇〇-八一五三
電話　〇七五-三四三-〇〇三〇（編集）
〇七五-三四三-五六五六（営業）

装幀　濱崎実幸
印刷・製本　中村印刷株式会社

ISBN 978-4-8318-6256-3 C1015